차성만 세번째 시집

아무르의 여인

✤ 저자 약력

- 고려 고미술 연구소 대표
- 한국 문인 협회 회원
- 시집 : 산길을 내려오며 (2006 문학세계)
  차茶의 향기 (2009 지영사)
- 연락처 kmp022@hanmail.net

아무르의 여인

초판 인쇄 2016년 7월 28일
초판 발행 2016년 7월 30일

저 자 차성만
발행인 하인웅
발행처 삼조사

등록일자 1994년 12월 13일
등록번호 제11-410호(倫)

주 소 서울특별시 종로구 교남동 47-2
전 화 733-4388(代)
팩 스 733-4389
이메일 samjosa@hanmail.net

정 가 9,000원
ISBN 979-11-5595-045-6 03810

아무르의 여인

차성만 세번째 시집

삼조사

차 례

1부 예서 노닐다(스토리 텔링)

2부 흐르는 물결

3부 장터 풍경

4부 아버지를 그리며

5부 아무르의 여인(스토리 텔링)

6부 그대 생각

7부 참마음 자리

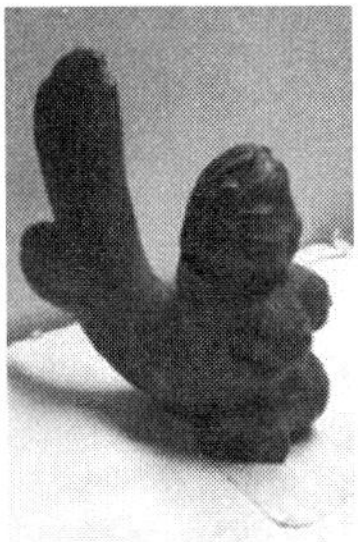

1부

예서 노닐다
(스토리 텔링)

흑산도의 달

검은 산 오두막집에 스며드는 추위
사방 이웃들이 막걸리 잔을 건네었네
나무꾼, 고기잡이도 기쁜 친구
집집마다 마음껏 피우는 웃음꽃

천주학쟁이로 몰린 절해고도
기약없는 유배 생활하는 한양 선비
정약전은 강진을 거쳐 흑산도에서
섬사람들과 술로 시름을 달래었다.

어부 장창대의 도움으로
물고기들의 생태를 그린 자산어보
나무꾼이 되어 체험한 소나무와 숲
조정을 바로잡으려는 송정사의

섬사람들이 가을빛 따라 찾아와서
재주를 따지지 않고 시를 주고받았네
서늘한 바람 부는 나무에서 아직 매미가 울고
달빛이 모래밭에 가득하니 기러기 돌아오려나

명창名唱 박 귀희朴貴姬

경상도 칠곡의 부자인 인동 장씨張氏 병관의 딸로서
원래는 장귀희라 불려야 했으나
어머니 박금영의 성을 따르게 된 출생의 비밀

그녀는 일곱살에 대구로 나아가 소리 공부를 시작해서
14살 때에는 노랑 저고리에 빨강 치마를 입고
극장 무대에서 댕기를 쥐어짜며, 단가 한 대목을 불렀다.

17살 때에는 동편재 스승으로부터 적벽가를 익히고
지리산 쌍계사에서 100일 독공獨攻으로 춘향가, 수궁가를
담양 지실 마을에서 심청가, 홍보가로 피를 쏟았다.

그녀는 스무살이 안 되어 판소리 다섯 마당을 터득하여
일약 소녀 명창으로 소문이 났고
당대의 명창 이화중선의 눈에 들어 창극 무대에 오른다.

대청마루나 마당에 멍석을 깔고 소리하던 무대가 아니라
극장이나 공회당에서 청중을 상대로 육성을 토해 내어
공간이 소리에 굶주린 듯, 소리꾼들은 "배가 고프다"

두 손 가지런히 잡고, 고즈넉한 눈빛으로 딸을 지켜보던
첩妾살이에 한恨이 맺쳤던 어머니의 눈물
귀희는 흰 옷 입은 여인의 눈물을 가슴에 품고

괄시와 천대받는 서민들이 피를 쏟으며 부르는 판소리
"심청이 공양미 삼백 석에 팔려 떠나가던 날
심청이는 동네 처자들 손을 붙잡고 울며

앞 못보시는 우리 아버지 종종 찾아와, 몸이 가렵거든 등을
긁어 주고, 이 잡아 주면 하늘이 감동하여 복 아니 받겠소..."
객석의 처자들도 가여운 마음에 목놓아 울고 말았다.

서울 소리

서울, 경기 민요의 소리꾼 김옥심
많은 이들에게 잊혀진 이름
그녀는 인간문화재 선정에서 탈락
불운한 명창, 재야 인간문화재

수양산가, 서도잡가, 엮음 수심가, 회심곡을
잘 불렀고, 강원도 민요 정선 아라리를
서울 소리에 맞게 편곡한 정선 아리랑을
들으면 벼락을 맞은 느낌이라고.....

국악계에서 소외되어 소리를 전수해 줄
길이 막히고, 쓸쓸히 최후를 보낸 그녀
화려하고 밝은 경기 민요를 우수가 깔린
쓸쓸하고 애잔한 색깔로 노래하다.

경허鏡虛 송동욱 宋東旭

키는 육척 장신에 기골은 장대하고, 등에 멘 바랑끝에는
짚신 두 개가 대롱대롱, 머리에 방갓을 쓴 승려가 들길을
걸어서 향하는 충청도길 천안
계룡산 동학사에서 새벽 일찍 떠나온 승려의 법명은 경허,
속명은 송동욱, 열네살 때 동학사에 온 지 어언 17년이 흘러
이제 31살의 나이로 강원에서 학인들을 가르치고 있었는데,
아버지가 돌아가신 8세 때까지 전주에서 살았고, 어릴적
고향집 나뭇간 뒤에서 볏짚으로 짚신 삼는 일을 즐겨하다가,
아버지(송두옥)한테 작대기로 흠씬 두들겨 맞은 기억
어머니 밀양 박씨는 아홉 살 때 청계사에 데리고 갔었는데...

과천 청계사에서 그는 행자가 되어 나무하고, 물 긷고,
밥짓는 일로 5년이란 세월이 눈 한번 깜짝할 사이
진주 민란民亂이 각도에 번져, 삼정三政은 문란
온 나라가 혼란스러운 1862년(철종 13년)에 청계사를
떠나, 계룡산 동학사로 새로운 스승을 찾아 떠났다.
마음밖에 부처가 따로 있지 않으며心外無別佛
부처를 떠나, 따로 있는 마음도 없고佛外無別心
스물 세 살 때에 교리에 통달한 동학사 강백講伯
청계사의 옛 스승과 한 약속이 있어서,

과천으로 가려고 동학사를 떠난 때는
1879년(고종 16년) 무더운 7월이었다.

천안 저자 거리에서 돌림병으로 사람들이 곡절없이
죽어가는 참혹한 고해苦海를 보며, 경허는 무심히
눈뜨고는 볼 수 없었다.
홀연히 생각하니 도시 꿈속이로다. 천만고千萬古 영웅호걸
북망산의 무덤이요. 부귀 문장 쓸데 없고, 황천객을 면할소냐
오호라 이 내몸이 풀끝의 이슬이요, 바람속의 등불이라...
경허는 발길을 동학사로 되돌렸다. 그는 방문을 걸어잠그고
선禪의 강물을 따라 고요히 잡은 "무無"자字 화두
졸다가 턱밑에 받쳐놓은 송곳으로 얼굴에 피가 낭자해졌고...
달마는 왜 동쪽으로 왔는가? 옛 길을 따라 그저 왔을 뿐인가
옛 길을 따르지 말라! 서산 대사가 꿈속에서 일갈하는듯...

어느 수도승은 복숭아꽃을 보기 위해 30년을 헤매었으나
복숭아 꽃은 바로 눈앞에서 활짝 피어 있는 것을 ....
문득 깨닫고 보니 온 세계가 다 내 집이로구나
마음을 깨닫고 보니 이름도, 형상도 모두 비어 있네
깨우친 소를 찾아 떠나는 자유인은 선입견을 버려야 하고
우습구나! 소를 찾는 자여, 소를 타고 소를 구하다니...
경허는 해탈의 경지에서, 살아 있는 부처라 세상에 알려졌고
마지못해 어머니를 위한 법문을 하게 되었는데, 법상에서
가사 장삼을 벗어던지고 천둥 벌거숭이인 채로 어머니에게

"어머니 오줌이 마렵습니다. 오줌 좀 뉘어 주세요."

어머니는 무안해서 급히 달아났고, 대중들은 깔깔대며 웃었다.
나는 예나 지금이나 어머니의 아들인데, 어머니는 나를 외간
남자로 보셨는가...어머니는 간곳없고, 여자 하나 남았구나
아들을 아들로 보지 못하고, 형상으로만 보는 구나. 부처도
별 볼 일 없는 밑씻개요, 하느님도 알 수 없는 허깨비인 것을...
이름도 몸도 둘이 없는 껍데기뿐인 하나의 집일 뿐인데無二堂
세상을 안다고 지껄이는 말장난이나 속임수는 헛된 짓이려니,
세상과 청산은 어느쪽이 옳은가. 봄볕 이르는 곳마다 꽃피지
않는 곳이 없네. 만약에 어떤 이가 깨달음의 일을 묻는다면
돌계집石女 마음으로 부를 집착없는 노래라 하리라.

그 후 경허는 잠시 환속還俗하여 머슴살이를 하면서
그 무엇에도 막힘이 없는 무애행無碍行을 실천하였다.
고통의 바다속에서 꿈을 꾸려고 환속이라는 잠을 자면서
그 무엇에 거리낌도 없었고, 그 무엇에 걸림도 없었다.
어리석음과 애욕으로 병은 생겨나고, 죽어서 소나 말이
되어 지옥에 들어갈지언정, 웃고 즐기고, 슬퍼서 울다가
꿈에서 깨어나면, 긴긴 밤을 함께 보낸 여인이 김씨이든
최씨이든 아물아물한 기억속으로 스쳐 지나가는 인연....
춥고 더운 근심 걱정을 없애려면 이를 피해가야 하듯이,
사랑하고 미워하는 사람은 만들지 말아야 벗어날 수 있으리

폭풍은 잠잠하나 아직 파도는 남아 솟구치듯
이치는 분명해도 제 버릇 그대로일세
이 곳에 앉아 있는 나는 누구인가. 나는 어디서 왔으며,
어디로 가고 있는가. 무엇이 진리이고, 올바른 인간의
길인가. 살아가는 인생의 의미는 무엇이란 말인가
무엇을 꿈꾸고 있는가. 보다 많이 갖고, 보다 많이
유명해지고, 보다 높이 올라가고, 보다 많이 즐기는
욕망인가. 그것은 짐승의 길과 무엇이 다른가?
비를 뿌리려거든 비를 뿌리소서!
몸이 젖어 추워서 떨게 되어도, 마음까지야 젖을소냐.

이름도 형상도 비워있을 뿐, 밝은 마음의 빛이여
경허의 제자인 만공, 혜월, 수월, 용성,한암도 역시
고승高僧의 법맥을 이은 선지식善知識
만공(송도암)은 조선 총독에게 "청정이 본연하거늘,
어찌하여 산하대지가 나왔는가"라고 일갈하여, 정치가
종교에 간섭하는 것을 막아냈고, 이화학당 출신 일본
유학파 신여성인 김원주는 자유연애론자였으나, 결혼
실패 후 수덕사에서 만공의 권유로 출가하여 일엽一葉
이란 법명으로 "청춘을 불살으고"라는 책을 세상에 내놓
았고, 견성암에서 여승으로 질곡의 한 생애를 마치었다.

판사에서 엿장수로, 엿장수에서 스님이 된 효봉(이찬형)은
서른 여덟살의 늦깎이로 혜월申氏의 제자가 되어, 장작

패고, 짚신 삼고, 밥 짓는 일로 수행을 시작하였다.
한암(방중원)이 퇴설당에서 경허에게 차茶 시중을 들 때
경허 스승은 밑도 끝도 없이, 뜻 모를 말을 중얼중얼....
세상은 위태롭고 어지럽기만 하구나
모를 일이여, 어느 곳에 가히 몸을 감출 것인가
이름은 감출수록 이름이 더욱 새로워질까
어떤 것이 진실로 구하고, 진실로 깨닫는 소식인가
남산에 구름이 일어나고, 북산에 비가 내린다.

그 후 세속을 좇아 중생을 제도하기和光同塵 위하여 경허는 승려의 길을 버리고, 북쪽 변방으로 떠났다. 환갑을 넘은 머리 벗겨진 늙은이가 어머니 성姓을 따라 박난주朴蘭舟라는 이름으로, 갑산.강계의 험한 산골에서 서당 훈장이 되었다. 과부 운파를 만나 사랑을 나누기도 했었고, 가르치는 나뭇꾼 아이들은 조국 흥망을 모르는 듯, 피리 불고 북치고 노래하는 소리, 온 마을 문전마다 들리는구나 나라를 빼앗긴 경술국치(1910년)의 참화로 온 나라는 요동쳤고, 경허는 자신의 소임이 오직 문맹자를 가르치는 일이라 여기며, 암울한 시대를 덧없이 하냥 다짐할 뿐....

마음만 홀로 둥글어, 그 빛이 만상을 삼켰어라
빛과 경계 다 비었는데, 또다시 이 무슨 물건이리오
1912년 4월 25일 세수 64세, 법랍 56세로 열반송을 남기며
견성득도見性得道한 가객歌客으로서 경허는 즉흥 시인.

풍류 시인의 삶을 마감하였으니
감개 무량하구나! 인생의 노쇠함이여,
애석하지만 이렇게 서로 헤어지고 마는 것을…
거울도 없고, 소도 아닌 곳곳 길머리에 살아있는
자유로운 술 더불어 색이로다.
존재하는 모든 것은 덧없고 덧없도다
모든 것은 생겼다가 없어지고,
삶과 죽음도 다 없어지면 미망에서 벗어나
세상은 고요하고 즐거우리라.

諸行無常 諸法無我 生滅滅己 涅槃寂靜

허 난설헌許 蘭雪軒

허공을 둥근 그릇에 담으면 둥글게 보이고
네모난 그릇에 담으면 네모나게 보이는데....
난설헌은 이조시대 여인으로서 드물게
초희라는 아명兒名
선비처럼 자字는 경번景樊
일찌기 동생 허균과 함께 스승 이달에게서 글을 배워
8살에 '백옥루 상량문'이라는 시를 지었다.

그녀의 타고난 지혜는 반짝이는 별과 같았으나
극복하기 힘들었던 그 시대 여인들의 복종은 숙명
아버지(허엽)는 동인東人의 영수領袖로서
대립의 정점이었고, 어머니 광산 김씨는 두번째 부인으로
허균과는 동복同腹인데 동생은 서얼과도 어울리며,
기행奇行을 일삼기도
과거 급제가 늦었던 남편(김성립)과는 불화가 끊이지
않았고, 모질게도 어린 두 남매를 잃는 아픔을 겪으며
친정 아버지와 동생이 당쟁으로 유배를 떠나는 가정
파탄까지, 비정한 주변의 인심을 곱씹어야했던 암울한
시대, 그녀는 세가지 한恨을 안고 살아야 했다.
여자로 태어난 것이 첫째였고,

조선에서 태어난 것이 둘째였고,
남편의 아내가 된 것이 셋째였다.

오롯이 님을 향한 마음은 외람되이
길 떠나는 낭군에게 금비녀를 뽑아주고
가을밤이면 님을 걱정하는 마음에
사랑은 지나쳐서 미움이 되고,
봄이 되면 복사꽃 지니
더욱 울적해지는 여인의 마음
깨어진 그릇의 참혹한 아름다움
일찌기 원수까지도 포용했어야 했는데....
가슴에 복받치는 설움
작은 병풍에 힘없이 기대어 울기도

과거도 버리고, 미래도 버리고, 현재도 버리면
생사生死의 괴로움을 벗어날 수 있을까.
잠들지 않으면 밤이 길고
피곤하고 게으르면 길은 멀어질 뿐
천 개의 강이 있으면, 천 개의 달은 비추는데
무슨 일로 바람은 불어, 이 마음을 흔들고 있을까.

태어난다고 하는 것은 한 조각 구름이 모이는 것
죽는다고 하는 것은 한 조각 구름이 흩어지는 것
꽃다운 스물 일곱의 자유로운 혼

추운 겨울 하늘에 기러기 소리되어 떠나고....
홀로 밟는 눈길에 아픈 흔적
삶과 죽음이 둘이 아니고
번뇌와 자비도 둘이 아닐진데
무엇을 기뻐하고, 무엇을 웃으랴.

삶은 쉬임없는 절망의 불꽃
타고난 잔재는 애달프고 아름다워라
모든 존재는 속절없이 무상無常으로 지나가고
뒤늦은 깨우침은 무슨 소용이 있더란 말인가.
남겨진 공허한 빈 손에
바랄 것이 없으니, 구할 것도 없어라.

누가 이 여인의 마음을 사랑하지 않을 수 있으리
누이를 여읜 동생 허균은 슬픔에 잠겨
시대의 최고 여류 시인이라 생각하면서
'난설헌 시'를 모아 명나라에 전하였는데....
중국과 일본의 문인 재사들이 관심있게 읽었으며
그후 허균도 더욱 종교에 심취하였다.

매월당梅月堂 김시습金時習

5세때 세종 임금앞에서 시를 지어 신동神童으로 불렸고
동향同鄕인 집현전 학사 최치운은 논어의
"학이시습지 불역열호學而時習之 不亦說乎"에서 "시습"을 따와
이름을 지어주었다는데
호號는 매월당, 동봉이라 하였고, 자字는 열경悅卿이라 불렀다.
17세때 생원시에 급제하였으나, 18세때 증광시에는 낙방하여
일급일락一及一落의 낙방거자落榜擧者가 되어
후세에 낙방 거지라는 놀림을 받기도 하였다.
어린 임금의 복위를 힘쓰던 젊은 신하 여섯 사람
성삼문, 박팽년, 이 개, 하위지, 유응부 등은
고변告變을 받아,
대궐에서는 삼경이 지나도록 고문이 그치지 않았고
악형惡刑은 사흘 밤낮 동안을 계속하였었다.
다만 류성원은 끌려가기 전에 자진自盡하여
역사에 충절로 남으리라 예견하였고,
끝내 여섯 신하의 아버지와 아들까지 몰살을 당하였으며
그들의 어머니와 부인, 딸들은 공신과 벼슬아치들에게
종이 되어 끌려갔다.
20세의 시습은 이 사실을 듣고, 3일 동안 통곡하다가
마침내 그는 삭발을 한 후, 세상을 등지게 되었으니....

수락산, 설악산, 금오산 등으로 삿갓을 쓴 채
설잠雪岑이란 법명으로, 술에 취해 세상을 떠돌아 다녔고
후에 사육신을 고변하였던 영의정의 행차를 길에서 만나자
"벼슬을 탐하는 놈은, 벼슬을 탐하지 않으면 할 일이 없고
공을 노리는 놈은, 공을 노리지 않으면 할 일이 없다"고
민초들 앞에서 그의 영달榮達을 크게 희롱하였다.
평소 좋아하던 선배인 서거정徐居正의 술대접을 받고
소쩍새의 피로 얼룩지는 자규루子規樓를 생각하였는데
서쪽, 섯서쪽, 소쩍새는 다시 불여귀不如歸되어
돌아감만 못하다는 것은, 오지 않음만 못하고
울지 않음만 같지 못하여
듣지 않음만 같지 못한 새가 되었다네.
선친의 고향인 강릉의 성산에 들렀다가
제사를 잇지 못하는 괴로움에 가슴을 떨어야 했고,
한송정으로 발길을 돌리면서, 떠오르는 감회는....
길은 십릿길 떼지은 겨울 소리
귓결에 울어예어 스산도 하이....
마음은 지금도 그전 같은데
걷고 걷다보니 물결만 더했구나
만경萬頃은 어이타가 가이 없는가.
모두가 품안의 가슴이기에
제멋대로 살도록 버려두었네.
매월당이 금오산에서 지은 "금오신화"를
추강秋江 남효온에게 보여 주었더니,

남효온은 "육신전六臣傳"을 지어 보여 주었네.
이 책은 당시 낙양의 지가紙價를 크게 올렸었는데,
그는 매월당을 이렇게 회고하였다.
"세상은 어둡기가 지옥같다 하여도
무슨 일로 무릎 꿇어 관음 보살을 외우는가.
마음을 잡으면 세상이 웃겠고
살림을 하자니 마음이 짐스러워
에라, 신선 얘기책이나 뒤적거리며
단풍속에 들어가 누워나보자."
고을 사또가 선비들을 삼척 죽서루에 초대하여
어린 관기官妓들과 질펀한 술상을 벌였는데
설잠雪岑은 음양지교陰陽之交를 농弄하면서
"무릇 남녀간의 교접은
인간의 생산을 전제로 한 것이 아닐세....
중이 죽으면 남는 것은 신발짝 하나일 뿐인데
인간의 자손에겐 전할 것이 없구나...."
매월당은 추강秋江의 갑짝스런 부음訃音을 듣고
충격과 아쉬움으로 그를 회고하였다.
"옛 사람은 요새 사람과 비슷하고
요새 사람은 뒤엣 사람과 같을터라
세상사 흐르는 물과 같아서
흐르고 흘러 가을이 가면 봄
오늘은 소나무 밑에서 한잔 나누세
내일은 아침부터 험한 산길일세

산 넘어 산속으로 가고 있는
그대 생각하면 더욱 정겨워 ...."
다음 해에 매월당도 부여 무량사無量寺에서 가쁜 숨을 내쉬며
서산에 지는 해를 어렴풋이 바라보고 있었다.
뒤돌아보건대 사고를 당하고, 몸이 아프기도 하여
삶의 곡절을 얼마나 많이 겪었던가!
동가식東家食 서가숙西家宿으로
고단하고 불편한 삶을 얼마나 많이 살었던가?
그래도 뜬 구름같은 부귀공명을 따르지 않았음은
다행스런 영혼의 궤적이 아니었던가?
새들도 산을 넘고, 바다 건너 돌아가고 있네.
나도 새를 따라 돌아가야할 때가 된 것 같으니.....
"혼이여, 돌아가자.
어디인들 있을 데가 없으랴!"
후세 사람들은 매월당, 추강 등을
충절忠節의 생육신生六臣으로 영원히 기리게 되었다.

기인 비목 其人 備目

옛날 선조들이 삼국시대 이래 역대 인물을 전형하여
행정 관직에 최고 적임자를 뽑는 놀이를 즐겼는데
이런 지식 유희遊戱를 기인 비목이라 하였다.
육당 최남선이 즐겨서 만든 조각組閣 명단을
오늘의 직제에 맞추어 변형시켜 보면.....

대통령에 세종대왕
국무총리에 고구려 을파소, 그는 농부에서 민선된
인물로서 백성의 추앙을 받았다.
대통령 비서실장에 이항복
외교부 장관에 서희
재정부 장관에 김육
국방부 장관에 강감찬
교육부 장관에 설총
보건복지부 장관에 허준
농림부 장관에 문익점
행정안전부 장관에 정약용
과학부 장관에 장영실
통일부 장관에 김춘추
법제처장에 송시열.....

국회의장에 이율곡
대법원장에 황희
감사원장에 최치원
서울시장에 류관
국립대학 총장에 이황
합참의장에 김유신
육군총장에 을지문덕
해군총장에 이순신
검찰총장에 조광조
외국 대사에는 정몽주, 최명길, 박제상
주일 대사에는 안용복을 선정하였다.

매　화

매서운 눈보라
몇 번이나 꺾이며
헐벗은 나무 가지
새하얀 꽃망울로
터지는 의연함

높은 뜻은
매화차의 향기
달빛 아래 고독
술 한잔을 권하는 벗
군자는 시를 주거니 받거니

사랑함이 지나쳐서
김홍도는 화분을 옆에 두고
여백을 살려 그려냈고
퇴계 선생은 돌아가시기 직전
"저 매화에 물을 주거라"

엽기적 수집녀

아버지로 부터 받은 막대한 유산
돈 쓸데를 찾은 것은 미술품 수집
2차 세계 대전중 유럽의 미술품을
헐값에 미국으로 사들일 수 있었다.

지중해의 햇살과 정원이 아름다운
대리석 건물로 곤돌라를 타고 가면
창문 너머로 미로의 작품 앞에
브란쿠시의 "공간의 새"

오른쪽 전시실에는 달리의 작품
유리 너머로 자코메티.무어의 작품
돌아서면 피카소의 작품
중앙홀 공간에는 폴록.콜더의 작품...

페기 구겐하임, 그녀는 유럽에서
인습에서 자유로운 사람들과의 교유
창조적인 유럽 문화에 흠뻑 빠진 23년
30명이 넘는 남성과의 편력

그녀는 산전수전을 다 겪고나서
38살에야 미술품을 수집하며
나는 전혀 믿을 수 없어요. 사랑 없이는
남자없이 살면서 행복할 수 있다니....

미술관은 뉴욕.베를린.빌바오. 베네치아
네 곳에 있는데, 베네치아 미술관 정원에
14마리의 개무덤으로 둘러쌓인
페기 구겐하임(1898~1979)의 무덤

상실감을 벗어나려 또 다른 남편을 얻으며
섹스와 미술품 애호는 동전의 양면
전시실은 손님과 작품 사이의 장애를 걷어내
누구나 쉽게 교감할 수 있도록 한 그녀다움

예수의 무덤

예루살렘 탈피요트 지역
이천년된 동굴의 6개 석관
요셉의 아들 예수, 마리아, 마테오
예수의 아들 유다, 메리엄의 이름들이
확인되었다는 파문....

DNA 분석으로 예수와 막달레나
부부였을 가능성?
1세기 당시 예수와 마리아는 흔한 이름
무덤의 진위眞僞를 속단할 수 없다
의견들이 엇갈리는 논쟁

발견된 이름들이 흔했던 건 사실
성경에 나온 예수의 주변 인물들과
우연히 일치할 확률은 극히 적다
영혼은 승천하였으나, 육신이 남아 있어
성경의 교리에 합치할 수 있다고도.....

물고기 등잔

다섯 개의 떡과 두 마리 물고기의
기적 때문일까 五餠二魚
물고기 모양의 토기 등잔에는
십자가와
예수의 이름을 새겨 놓았고

제자들은 사람을 낚는 어부(f)
예수 그리스도,(i)
하느님의 아들,(s)
구세주(h)
첫 글자와 물고기의 연관성

예서 노닐다

동산에 누워 있는 아이
동그란 나무
빨간 해
유유히 나르는 참새

평생 술을 벗삼아
예술을 즐겼던 기인奇人
화가 장욱진의 파격적 구도와
단순한 그림은 동화속에 머문다.

잃어버린 자식 생각으로
천상까지 사다리를 세우고
하늘과 땅을 넘나드는
동심은 또다른 환상이었다.

토속적이고 원만하여
막힌 데가 없어 좋았고
홀로 자신의 화풍을 고집하여
아기자기한 가족의 향기를 녹여냈다.

소에 미친 소년

어릴적 부자집 둘째 아들 이중섭
들에 나가 소를 물끄러미 바라보곤
소에게서 느꼈던 순수한 조선 냄새
소년에게 소는 항상 나라의 혼
자신의 그림에서 영원한 화두

일본에서 공부하고, 아내와 결혼
한국 전쟁으로 남쪽으로 내려오면서
차가운 주먹밥을 얻어 아들에게 건네는 심정
부산 난민촌에서 막노동판으로 전전
아내에게 미안해지는 서글픈 현실....

첫 아들을 잃고 실성한 듯 웃다가
미친 듯이 천도 복숭아를 그린 뒤에
우리 아들이 하늘 나라에 가서 따먹으라고
그린거지, 헤헤... 하고 실없이 웃었는데
슬픔을 달래려고 마신 술은 중독이 되었다.

힘든 삶으로 아내와 두 아들은 멀리 떠나고
대구, 통영, 진주, 제주도, 서울 등으로 떠돌며

끝없는 절망과 체념, 헤어진 가족의 그리움
육체는 병으로 무너져 내리고 손은 떨리는데
집요하게 매달린 그림은 한층 심오해졌다.

달과 까마귀
흰 소
길 떠나는 가족
비둘기를 안고 있는 가족
통영 앞 바다

힘차고 대담한 터치, 단순한 형태
선명한 원색과 사물에 대한 감수성
고향과 가족에 대한 그리움이었고
숨은 고통과 치열한 예술혼으로
깊은 인상을 주는 작품들....

별과 달을 그리다

기좌도 작은 섬에서 태어난 김환기
섬하늘 별과 달을 보면서
푸른 바다와 숲에서 뛰놀며 자랐다

고향을 떠나 서울에서 공부를 하다
그림의 뜻을 이루려고
20세에 동경 유학의 길에 오르고

시골 처녀가 물동이 이고 가는 모습으로
처음 발표한 "종달새 노래할 때"는
윤곽선이 단순하고 자세한 묘사는 생략하였고

그림 공부를 마치고 귀국한 몇년 후
한반도는 전쟁의 공포로 아수라장이 되어
부산 피난 열차에 실려가는 동포들…

그 시절 해군 종군 화가로서 그려낸
수용소 천막, 바다 풍경, 여인 항아리
평면적 색채로 여러 번 반복한 형체

조선의 백자 항아리를 즐겨 그리며
둥근 하늘과 둥근 항아리. 흰 항아리
지평선에는 둥근 항아리가 둥글게 떴다고

소설가 이상의 부인이었던 과부 변동림과
영원한 반려자가 된 수화樹話 김환기
그녀는 김향안이란 필명으로 글을 쓰기도...

그녀는 1952년 수화의 드로잉은
그대로 피난 생활의 서글픈 기록이었고
어려운 시절 사람들의 마음을 울렸다고

전통과 문화를 승화시킨 예술품들이
전란으로 다 없어지는 변을 당하고
내 생애 전반의 역사는 없어졌다고 한탄....

그림을 도난당한 아픔을 겪은 수화樹話는
내 그림은 내가 아끼는 수밖에 없다
나는 그림을 팔지 않기로 했다고 결심....

수복후 서울 성북동 집 뜰은
우거진 난초속에 온통 항아리 파편들이
천지로 나뒹구는 어지러운 폐허

백자 항아리, 산과 달山月, 매화를 그리며
검은 윤곽선으로 산의 색면이 분리된
추상적 표현으로 중첩되는 산세의 흐름

수화는 백자의 참맛을 아는 예술가로서
큰 허우대에 긴 목을 빼고, 껑청거리고
학춤을 추는 멋쟁이었다고...

파리의 하늘 밑에서 달을 보면, 민족의
노래를 담은 조선의 항아리를 그리게 되고
이러다 죽을 때까지 항아리 귀신이 되겠구나...

파리에서 돌아와 후학을 가르치면서
산, 달, 구름 등 자연을 노래하며
다양한 푸른 빛에 간결한 추상적 모티브

1963년 상파울로 비엔날레 참석후에
입버릇이 된 거지같은 세상을 등지고
낯선 뉴욕에서 찾은 새로운 예술 세계

다양한 종이를 사용하여 콜라주하고
색점을 찍어가며 점에서 선으로
선에서 면과 입체로 완성되는 조형

모든 그림은 점에서 시작한다.
어디서 무엇이 되어 다시 만나랴
수화의 대표작은 이렇게 완성되었다.

화가는 서서 살다시피 한다
청명한 11월에도 마당에서 식사를 하고
졸리면 자고, 일어나면 일한다.

따분해지면 목욕을 하고, 산보를 하고
아침에 일어나면 음악을 듣고
나무와 별과 달을 보며 자연을 즐긴다.

이국 땅에서 그리움이 병이 되어
미술가는 아름다운 것을 만들어내기 전에
아름다운 것을 알아야 한다는 말을 남겼다.

직지심체 요절直指心體 要節

직지인심直指人心 견성성불見性成佛
참선을 통하여 마음을 바르게 보면
마음의 본성이 곧 부처의 마음임을 깨닫는다.
성불사에서 백운 화상이 선禪의 요체를
깨닫는데 긴요한 고승, 조사들의 게偈, 송頌
찬讚등을 초록抄錄하여 직지심체 요절이라는
상, 하 두 권의 책을 저술하였다.

백운 화상이 입적한 3년(1377년 우왕3년) 뒤에
제자인 석찬, 달잠, 묘덕 스님이 청주 교외에 있는
홍덕사에서 스승의 가르침을 알리려
금속활자로 찍어 책을 간행하였다.
책의 맨 뒷장에는 선광 7년 청주 교외
홍덕사 주자인시鑄字印施라 찍혀있고
100부 정도 인쇄했을 것으로 추측된다.

홍덕사는 자취도 없이 흔적만을 남긴 채
직지심체 요절은 간데없이 사라졌는데....
먼지에 쌓여 중국의 고서古書로 알고 있던
직지심체 요절을 프랑스 국립도서관에서

검은 머리칼을 짧게 친 39세의 젊은 유학생
박병선이 1967년에 발견하여 공개
직지는 세계에서 가장 오래된 금속활자본

박병선은 고활자본임을 입증하려고
활자를 만들어 잉크에 찍어 보다가
집에 불을 세 번이나 낼 뻔 하기도
독일 구텐베르크의 "42행 성서"(1455년)보다
직지는 78년을 앞서는 세계 최고最古 활자본으로
국제적 공인을 받은 박병선
민족의 자부심에 감격하여 눈물을 흘렸다.

프랑스 국립도서관에는 직지 하권만 있고
국내 어디에서도 직지를 찾아볼 수 없는데…
박병선은 외로운 투쟁으로 마음 고생
프랑스 정부는 비밀 누설을 이유로 해고
어느 외교관은 골치 아프니, 가만 있으라
국내 학자들도 우리가 못하는 일을 왜 하느냐
금속활자의 역사를 뒤집은 직지심체 요절

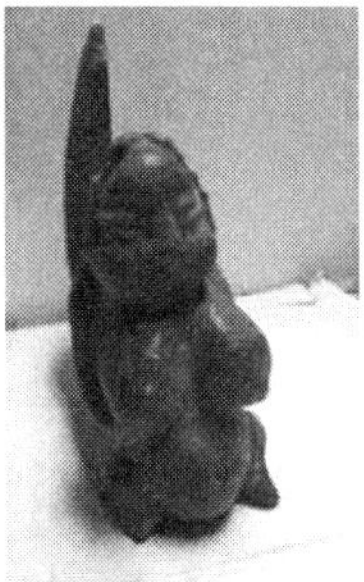

2부

흐르는 물결

한 류韓流

머리를 좌우로 흔들고, 어깨를 솟구치며
두 팔목과 두 다리와 목, 열 손가락을 굽혔다
폈다하고, 때로는 허리를 활처럼 굽히고
때로는 개처럼 기기도
이렇게 한바탕 뛰고나면 정신이 몽롱해져
집에 도둑이 들어오건 불이 나건 무관심
무슨 패풍이냐며 나라의 우환을 예감한
연산조때 유행한 오랑캐 춤

젊은이들이 떼지어, 거짓 미친 척 괴성지르고
괴상한 도깨비 모양으로 노래하고 춤추며
춤추다 울기도 하니, 이를 등등곡이라
이들 무리 중에는 명문집 자제들도 있어
세상이 말세가 되어 나라가 망하겠다고
임진왜란 전에 한탄하는 사람들
관능적으로 몸을 흔들고,
노래하는 한류의 열풍
이미 조상들도 끼를 발산하고 있었다.

뻐꾸기 인간

처량하게 우는 뻐꾸기는 어미의 고통을 피하려고
꾀꼬리 둥지 안에 몰래 알을 낳아 놓는다.
부화한 뻐꾸기 새끼들은 주인집 새끼들을 등으로 밀어
연약한 꾀꼬리 새끼들을 떨어져 죽게 하고
어미 꾀꼬리는 침입자들을 제 새끼로 알고
열심히 먹이를 거두어 키우는데
어미 뻐꾸기가 나타나면 새끼들은 더불어 날아간다.

남자의 정자를 가격을 매겨서 매매하거나
여자의 수정란을 남의 자궁을 빌려서, 열 달 동안
키워서 아이를 낳는 대리모代理母도 늘어나고
아예 애비가 누군지도 모르는 아이를 낳아 키우는
싱글 맘까지 생겨, 점차 친권 문제가 생겨나는데...
옛날 씨받이 여인들은 아이가 보고 싶으면
동산의 나무뒤에 숨어 싫컷 울었다고...

황소 개구리

보양식을 즐기는 유행
몸뚱이가 사람 얼굴만한
외국에서 수입한 양식 개구리

유행은 반짝하다 시들고
양식장을 탈출한 개구리들
남도의 늪속을 헤집고 다녔다

토종 개구리, 곤충, 농작물
마구 먹어치우는 식성과 번식력
생태계를 파괴하는 비상

비대하고 희멀건
전통 문화를 파괴하는 무법자
외래 문화의 맹신에 경종

지팡이

두 칸 집에 두 이랑 전답을 갈고
오직 책 한 시렁, 거문고 한 벌
햇볕 쬘 쪽마루 하나, 그리고 늙은 몸
부축할 지팡이 하나가 고작이오.
선비는 청빈함을 낙으로 여기며 살았다.

말년에 산에 들어가 여생을 보내며
지팡이 짚고 산속을 거닐면
그 지팡이 소리를 알아듣고 날아든 뭇새와
다람쥐 등속들과 종일토록 노닐었던
선비의 유유자적을 누가 알쏘냐

돌아가신 조부모 제청祭廳에 영혼과
지팡이를 모시고, 자손 대대로 물려주어
그릇된 일을 하면 지팡이로 때려서
조상에게 부끄럽지 않도록 훈계하였는데
세상은 조장祖丈맞을 후손이 늘어난다고....

독서 휴가

허기진 배를 채우려면
밥을 먹어야하고
정신도 고파지면
마음의 양식을 찾아
책을 뒤적거린다.
시간이 없다는 것은 핑계일 뿐....

재충전의 시간을 가지려
옛날 선비들이 절간을 찾아갔던
사가賜暇 독서가 있었고
궁궐에 아예 독서당을 두어
잠시 업무를 쉬며 휴가를 즐겼는데
머리가 아프다는 것은 핑계일 뿐....

께 꾸

말을 타고 막대기로
말의 두 앞발 틈으로 공을 치고
두 뒷발 틈으로 나오는가 하면
꼬리를 잡고 날쌔게 치고
말의 옆구리를 돌려 치기도 했으니...
태조 이성계의 현란한 격구 실력을
용비어천가에서 극찬하는 대목

왕실의 연무練武 수단으로
10여명씩 편을 가른 격구 시합
경기를 시작할 때 기녀妓女의 시구始球
연예인들이 보여주는 원조 시구였고
공마다 태종, 효령대군, 충녕대군
이름붙여 내려쳤는데
효령대군이 물에 빠졌다는 고함....

기녀들은 시합에서 승리하면
노래와 춤으로 환호해주는 치어리더
관습이 음란하다고 금지한 사례도....
후세에 농촌에서 지게 작대기를 들고

나무공을 치는 편놀이인 께꾸 시합
야구, 축구에서 볼 수 있는 시구, 시축
춤추며 응원하는 치어리더

여인의 옷

화려한 색상과 무늬보다
단색의 은은한 무늬
정갈하고 검소한 옷의 선호
유교 문화의 영향을 받은 조선 시대

옛 여인들의 희망을 담은 옷 무늬
원앙은 금슬 좋은 부부
석류 무늬는 자손 번성
모란은 부귀의 상징

십장생과 박쥐 무늬는 장수와 복福
구름과 물고기 무늬는 입신출세
연꽃은 영생과 귀한 자식 되기를 기원하였고
왕족만이 입을 수 있었던 용과 봉황 무늬

산나물 타령

산골 아낙네들이 힘든 보릿고개를 넘을때
허기진 배를 움켜잡고 부르던 산나물 타령

비오느냐 우산나물
강남이냐 제비풀
군불이냐 장작나물
마셨느냐 취나물
취했느냐 곤드레
담넘었느냐 넘나물
바느질할 때 골무초
시집갔다 소박나물
오자마자 가서풀
안 줄까봐 달래나물
간지럽네 오금풀
정情주듯이 찔끔초....

추위를 막는데 구태어 비단옷이랴
주린 배 채우는데 산나물이면 어떠랴
이 밖에 잔시름 없으면 그 좋지 않으리
나물 먹고 물 마시고

팔을 베고 누웠으니
따뜻한 햇볕이면 족하리..

입에 풀칠하기 어려웠던 시절
산나물에 고추장을 넣어 비벼먹던
별미가 된 산채 비빔밥

할 미 꽃

구박받던 할머니가
손녀를 찾아가다가
양지 바른 언덕에서
굶어 죽고말아
무덤가를 맴도는
검붉은 나비

고개 숙인채
타는 속을 숨기듯
당신은 주기만 하고,
아무 것도 바라지 않는
회한懷恨의 고갯길
허리 굽은 늙은 여인

버릿데기

잇달아 딸만 여섯을 나은 용왕龍王은
아들 낳기를 열망하였으나
일곱번째 마져 딸이 출생하자
버릿데기로 이름지어 궤짝에 넣어
딸을 강물에 띄워 보냈다.

남아를 선호하는 시대에서는
제발 딸은 그만 낳아달라는 뜻에서
필녀畢女, 말순, 고만이, 막음이...
사내 아이를 낳아달라고 비는 마음으로
희남希男, 기남, 후남, 노마, 학실이...

절망에 쌓여 섭섭, 서분, 분통, 오쟁이, 인제두...
그 여인의 일생을 어찌하라고
그런 이름을 평생 불리게 했단 말인가
할머니, 어머니들 이름을 되새겨 보면
여인들의 눈물은 마를 날이 없었다.

살구씨

독毒을 풀어 주고
자신을 위협하는 벌레를
죽게 하는 씨앗들의
종족을 보존하기 위한 본능

한 여름 밤 꿈의 요정은
살구씨를 즐겨 먹었고
젊은 아가씨는 사랑의 진실을 알려고
살구씨를 불에 던져 점쳐 보았다.

독을 품어내고
독설과 독한 행동으로
독이 약으로 쓰이는
아픔과 불의에 대한 저항

옹　이

지리산 산속 도통한 도사에게
한 농부 부부가 찾아가서
잘 사는 방법을 알려 달라고 애원

몸에 옹이를 가지고 있을텐데
그것을 내놓아 보아라
부인은 수줍어하며 젖꼭지를 드러내었고

그 옹이 말고, 다른 옹이가 있잖아
남편이 어색해하며 허리띠를 풀고
바지를 내려 보이려 하였다.

허, 그 옹이 말고, 또 다른 옹이가 있다며
두 손바닥을 펴 보이라고 하였다.
손바닥에 옹이가 없으니 가난할 수밖에

손가락 마디마디 손옹이가 도드라지게
돌처럼 굳어지도록 열심이 일하여야
부부가 잘 살 수 있느니라....

우편 집배원의 개화기 풍경

"우"자 박힌 벙거지
검정 홑태 바지와 저고리
가죽 주머니 메고, 문앞에 와서
문안을 기웃기웃하며
"편지 받아 들여가오"
두세 번 소리하는 우편 군사

남의 집 안채를 기웃거렸다고
그 집 하인들에게 끌려들어가
엉덩이를 얻어맞기 일쑤였고
우편 군사, 체전부, 벙거지꾼
번지없는 집들로 인해, 잘못 배달되어
체전소 형틀에 묶여 볼기도 맞았다.

우표를 붙이지 않은 편지를 보내 달라고
떼쓰는 사람들
닭을 건너 마을 진사댁에 전해 달라
아이를 생원댁에 업어다 주라
남을 모략하거나 저주하는 부적을 송달했다고
핀잔받기가 두려워, 불길한 조짐의 편지라

불에 태워버리는 사고도.....

편지 겉봉에는 추상적 주소
좌포도청 행랑 뒷골목 세 번째 기와집 서향대문
김주사댁 입납
서울京 다동茶洞 최판관댁 입납入納
경 광교 좌안左岸 가가假家 생원 전주 이씨댁
경 문박 청패고개 나쥬에서 상경한 양천 허씨댁 입납
잘못 전달된 편지는 집배원 탓이 되어
우편 군사 볼기 맞듯 한다

화폐 사랑

지폐의 일련 번호가 같은 1111111
앞뒤로 읽어도 같은 2571752
자신의 생일과 맞아떨어지는 번호

우리나라 최초의 액면가 5원 금화
최초의 근대 주화 대동전
한국은행 모자상 100원 지폐

옛날 쓰던 물품에 대한 향수
시간이 지난 희소 가치
특이한 취미를 즐기는 수집광狂

국 산 품

종기에 바르던 이명래 고약. 됴고약
세수할 때 쓰던 이뿐이 비누
양치질에는 럭키 치분
영양제로 먹었던 원기소

국민학교때 신었던 검정 고무신
공부하던 셈본과 말본 책....
즐겨 듣던 금성 라디오
머리에 바르던 포마드

근래에 타던 포니 자동차
벽걸이형 공중 전화기
밀수품을 사용하지 말자
어려운 시절 국산품 애용 포스터

진달래꽃

영변 약산의 진달래꽃
피를 머금은 듯 진하며 붉어라
약산의 시원한 물은 약수
약산으로 올라갈 때, 오빠 동생하더니
약산에서 내려올 때, 여보 당신하더라

겹겹이 멧부리가 에워쌓인 천연 요새
무쇠 독甕으로 만든듯 철옹성의 지세地勢
약산에는 구름이 안으로 안으로 스며들었다.
창밖에 우는 저 새야, 영변 약산에 가거든
가신 임 앞에 뿌릴 진달래 꽃을
잊지말고 한 아름 따다 주지 않으렴

영변의 진달래꽃이 시들어가니
약산의 물도 흐려지고
오빠 동생 가시는 길에
폭탄 실험의 굉음 소리....

3부

장터 풍경

모란 시장

뚝방길 따라 평일에는 주차장
닷새마다 열리는 장날
서울과 경기, 충청, 강원도에서
구경나온 어른들과 아이들
발 디딜 틈도 없는 장터

어미 품을 떠난 강아지와 병아리들
주인을 기다리는 슬픈 눈망울
각설이 타령으로 손님을 부르는 엿장수
울긋불긋한 옷을 싸게 판다는 아줌마
쓰던 중고품을 내다 팔고 있는 아저씨

재래 시장 중심에서 옆으로 가면
먹거리 장터
국수, 부침개, 막걸리판으로 왁자지껄
사고 팔고 먹느라 어지러운 장터
4, 9, 14, 19, 24, 29일은 홍청망청

삼례 장터

이른 새벽부터 장터에서는 예사 보부상이나
길손같지 않은 사람들로 길이 붐비고
시골 아낙은 콩과 고추, 마늘 등을 가지고
와서, 쌀과 보리로 바꾸기도 하였고,
어떤 아저씨는 집에서 키우던 돼지와 닭
짚으로 엮은 달걀 꾸러미를 팔아서
애들 꼬까옷과 생선 등을 사기도

오늘 장날에는 간장, 된장, 시레기같은
국거리를 가져오는 사람들
먼데서 온 듯한 사람들은 노인, 어린애,
친지들까지 함께 며칠을 묵어갈 작정인 듯
모퉁이 빈 공터에 한바탕 굿판으로
구경거리를 즐기려는 남녀노소
잘 살게 해달라고 비는 할머니도

굿판이 끝나고, 명창을 뽑는 사습놀이
주막에서 탁배기 서너 잔을 마시고,
게트림을 하며 앞자리로 가서 앉는 사람
사습놀이에서 장원은 무명 두 필, 차상

차하는 무명 한 필의 상품이 걸렸다.
조선 팔도 방방곡곡에서 모인 삼례 장터
대부분은 동학東學을 믿는 도인道人들

도인들은 오랜 만에 한 식구같이 먹고 자고
북, 장구 장단에 맞춰 손뼉치며 흥겨워하였는데
도인들중에는 손화중, 김개남, 전봉준, 송희옥,
고영숙 등 동학 접주들도 섞여 있었다.
고향에서 부쳐먹던 논 몇 마지기마저 빼앗기어,
자식은 머슴살이 가거나, 술집으로 팔려나간
도인들도 있었고, 헐벗고 굶주리다가
가출한 아내를 찾아나선 남편도.....

도인들은 고향에서 사교도邪敎徒라 하여
관아에 끌려가 모진 문초를 당하였고,
농사지은 곡식을 거의 세금으로 내고나면
민초民草들에게 남는 것은
애환哀患의 주름살뿐.....
본시 동학은 유교와 불교.선교를 합일하였는데
어찌 서학(천주교)처럼 사교邪敎로 이단시하는가
새로운 세상에서 약자弱者들이 일어난다.
궁궁을을 궁궁을을....
새 세상은 천당이나 극락처럼
하늘나라에 있는 세상이 아니네....

사습놀이가 끝난 장터에 5천명을 넘은
도인들은 전주 감영으로 몰려가 전라감사와
담판을 해서라도 바르게 잡아야 한다고 울부짖었고
손화중 등 접주들이 과격한 행동을 자제해 달라
만류에도, 일부 도인들이 전주 감영을 향해
들판을 가로질러 앞장 서 갔고, 구경꾼들까지
합세하여 만명은 족히 넘어섰다.
접주들은 질서를 지켜 달라며
도인들의 뒤를 황급히 따라야 했다.

풍물잡이들이 꽹과리와 징을 치며,
앞에서 흥을 돋꾸었고
행렬은 가다가 지치면 쉬어가면서,
두 시간여를 지나
전주 감영 선화당 앞에 모인 도인들은
동학을 인정해 달라고 소疎를 관아에 전하며,
그 곳에 모두 주저앉아 기다렸으나
그들에게 돌아온 답변은 무심하게도
동짓달 차가운 하늘에 공허한 메아리
삼례에서 전주까지 열하루 동안의 갈망과
홍분은 아직 장터에 남아 있는 듯 하였다.

장내리 장터

보은 장내리 장터는 봄날씨가 제대로 풀린 3월
동학교도들뿐 아니라 일반 장꾼들까지 모여들었고
교도들에게는 교조 최제우의 조난일인 10일날
모이라는 사발통문이 전국 각지에 나돌아 퍼져
세상은 금방 뒤엎어질 것 같이 인심이 뒤숭숭
남계천, 손화중, 김개범, 차치구, 서영도
등은 전라도에서, 손병희, 성두환, 박희인, 임정제
등은 충청도에서, 차기석, 김치운 등은 강원도에서,
김창수 등은 황해도에서, 교주 최시형,
성주 접주 박성빈 등은 경상도에서 모여들었다.

장내리 냇가 자갈밭에는 4, 5만명이 넘게 웅성웅성
장막을 치거나, 바람을 피하려 돌담을 쌓기도...
10여리 밖 마을 사랑방에서 끼어 잠을 자는 사람
키우던 돼지나 소를 팔아 노자를 마련한 사람
어렵게 마련한 가구나 세간을 팔아서 온 사람
엿새째되는 장터 여기저기에서는 깃발이 나부꼈다.
왜놈과 양놈들을 쫓아내라 斥洋斥倭
왜놈 오랑캐를 박멸하자 逐滅倭夷
권세있는 놈들을 없애라 權貴盡滅

장터에 모인 동학 접주 이방언은 당시 실각한
대원군과 친교가 있어, 대원군이 배후라는 유언비어
교주 최시형은 깡마른 체구에 눈이 반짝였는데,
30여 년 간 산속을 피해다녀 지친 듯해 보였고,
손병희는 몸집이 비대하고 성품이 원만한 시골
부자같아 보였고, 작은 체구에 단정한 박성빈은
후에 아들과 손녀가 대통령이 된 사람이다.
김개남, 손화중 등은 훗날 고부에서 동학 혁명을—
차치구의 아들은 보천교로 동학정신을 이어갔고,
젊은 김창수는 나라가 망하자 김구金九라는
이름으로 독립운동에 앞장서게 된다.

장터에서는 교조의 신원 요구와 척양척왜의 깃발들
조정의 무능과 가렴주구, 탐관오리의 척결을 위해
도인들 10만명 모두가 상경하여 대궐앞에서
집회를 열 것을 선동하는 자도....
사태가 심각해지자, 급기야 조정에서는 어윤중을
양호도어사로 보내어 해산시키도록 명령하였다.
어윤중은 장터에 모인 동학도는 소수이고
선량한 백성들이 부화뇌동함을 알게 되었고,
탐학과 외세에 대한 저항이 주요 원인으로
획기적인 내정 개혁 조치를 발표하여
민심을 수습해야 한다는 장계를 올렸다.
조정은 민심을 제대로 읽지 못하였고....

조정에서는 군대 500명을 동원하여
어윤중은 다시 장내리 동학 도소를 찾아가
강제 해산 방침임을 통보하고, 자진 해산을 회유
탐학에 시달려 목숨 걸고 저항하려는 자들에게
외국 오랑캐가 이권을 뺏는 것에 분노한 자들에게
지방 토호에 시달려 원한을 풀 길 없는 자들에게
춘궁기에 식량이 떨어진 농민들과
착취와 세금으로 몰락한 상인들에게
4월 2일 새벽 최시형은 군대와 충돌을 피하고,
도인들 보호할 명분으로 해산 명령을 발하였고,
홀연히 어디론가 사라졌다.
이는 얼마 후 고부에서의 무장 봉기를 예고하는
또다른 불씨가 되었다.

화개 장터

삼신산三神山으로 불렸던 지리산의 물줄기는
구례, 순창, 남원, 옥구로 흘러가서 섬진강이 되었고
하동, 산청, 진주, 함양, 의령을 지나며 남강이 되었다.
강물은 오백여리를 흐르다가 낙동강으로 들어갔는데
강길따라 지리산 약재, 곶감, 대추 등 과일이 실려오고
소금, 해초, 생선, 젓갈 등 해산물이나, 낫과 호미같은
농기구와 옹기 그릇, 야생차茶, 산나물이 산골짜기에
들어와 쌓여서, 장터에는 사고 팔 물건들로 넘쳐났다.

옛적부터 지리산은 마한과 진한의 국경이었고
삼국 시대에는 신라와 백제의 국경이었다가
고려 이후에는 영남과 호남의 경계 지역이어서
영.호남 사람들이 한데 어울려 만나는 화개 장터는
물건을 하나라도 사주는 사람이 고마운 손님일뿐....
사오십리 산골짜기를 따라 피아골. 뱀사골. 한신. 칠선.
쌍계사 계곡으로 사람들이 몰려와 삶의 터전을 이루었는데
천왕봉밑에 제단을 차리고 마고할미께 제사를 지내었다.

말못할 사연들은 지금도 계곡을 따라 무심히 흘러
역모에 연루되어 멸족의 화를 피해온 사람

왜구들이 부녀자를 겁탈하여 한을 안고 들어온 사람
고치기 힘든 병에 걸려 살아보려고 들어온 사람
가산을 탕진하고 빚에 쪼들려 도망쳐 온 사람
남의 여편네나 상전의 딸과 눈이 맞아 야반도주한 사람
천주학이나 동학을 믿다가 산속으로 피해온 사람
전쟁통에 패잔병이 되어 은신하며 공비로 저항한 사람....

지리산은 항상 어머니처럼 세속의 온갖 허물들을
너그럽게 감싸안으며 깊이 깊이 감추어주었다.
살기 위해 화전을 일구거나, 숯을 구워 팔기도 하였고
옹기를 구워 팔거나, 담배 농사를 짓기도 하였는데....
산줄기를 따라 구례나 남원으로 내려가 약재를 팔았고
하동쪽으로 내려가 옹기를 내다 팔기도 하였다. 어느날
섬진강을 떠내려가다 짐꾼들이 화개에서 잠시 쉬려고
약초와 해산물을 풀었는데, 장꾼들이 마냥 몰려들었다.
화개장터는 물품 구매의 자연스런 형성으로 붐볐다.

강릉 단오제

대관령 산신, 국사 서낭신, 국사 여서낭신
하늘을 덮는 등불을 타고 내려오면
국사 서낭신을 여서낭신 사당에 모시고
사당 주변에 황토를 뿌리고 금줄을 치며
태양의 기운이 가장 세다는 수리날
신과 인간이 함께하는 축제의 마당

명절중에 음력 5월 5일 단오가 으뜸
하루 종일 징, 꽹과리 소리의 농악
달맞이굿, 횃불놀이, 다리밟기, 두레농악
관노 가면극 행진은 양반을 비아냥하는 춤사위
그네를 타러 나온 처자들과 씨름판에 남정네들
단오 장터에서 밤이 깊도록 먹고 마시는 신명

단오 굿당에서는 부정굿을 시작으로 청좌굿, 조상굿
성주굿, 칠성굿, 거리굿 등 푸너리 장단에 사설을 하고
수리취떡 먹기, 남대천에서는 창포물에 머리 감기도
모두가 모여서 한해 풍년을 기원하는 제사
여서낭당에 모셨던 서낭신에게 내년을 기약하면서
서낭신을 다시 대관령 국사서낭당으로 모셔간다.

아우내 장터

두 개의 하천을 아우른다는 아우내竝川 장터
경상, 전라도와 한양을 이어주는 삼거리 길목
청주, 진천, 보은, 조치원, 예산 등지에서 올라온
특산물과 소를 몰고오는 장터

1, 6, 11, 16, 21, 26일 닷새만에 장이 서고
돼지 소창에 배추, 파, 고추, 마늘, 선지를 넣은
병천 순대 국밥을 즐겨 먹는 장꾼들
정월 대보름엔 풍년을 기원하는 줄다리기

류관순 누나는 아우내 집 담장 사이에 있는
매봉 교회를 다녔고, 이화 학당 재학중에
1919년 3.1 독립 운동 시위에 가담했다가
학교가 휴교 조치되어, 고향집으로 내려왔다.

음력 3월 1일(4월 1일) 오후 1시 무렵
류관순 주도하에 아우내 장터 3,000여 명이
"대한 독립"이라는 깃발에 태극기를 흔들며
시위하다가, 일제의 총검에 수십명이 다쳤다.

그날 오후 4시, 사망자 시신을 주재소로 옮기
면서, 이에 항의하는 군중을 향해 일제는 다시
발포하였고, 밤이 되자, 인근에 은신하였던
성난 군중들은 읍사무소 등을 습격하였다.

독립 만세 운동을 주도했던 류관순 등은 검거되었고
그녀는 복역중 옥사獄死하고 말아.....
당시 생가와 헛간은 불태워졌으나, 복원하였고
인근 목천읍에는 독립 기념관이 세워졌다.

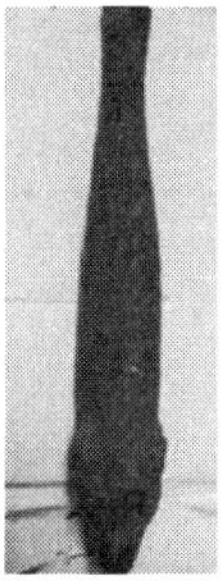

4부

아버지를 그리며

향 불

어둠속 촛불
흔들리는 불빛
몸을 불살으고

눈을 찌르는
불타는 향기
그리움되어 날아간다

한 줄기 고요
간절한 바램
흩어지는 윤회輪廻런가?

타오름의 마지막
흙속의 바람
사라지는 연기

연 꽃

진흙 속에서 물위로
혼탁함으로 피어난
순수한 햇살
밤으로 사라진 어제

깨끗한 방울 방울
바람에 실리어
멀어져 갈수록 맑아지는
향기 짙은 오늘

평안한 극락
손을 내미는 부처
뒤늦은 탄식으로
흔들리는 내일

머물지 않는 인연
영원할 것 같은 사랑은
순간처럼 지나가는
님의 향기

물거품

형체와 마음을 보려해도
보이지 않는 사람

무엇을 말하는지 알 수 없고
어디서 왔는지도 궁금할뿐....

바다 바람으로
일렁이는 물결
부서지는 이슬 방울

열매는 씨앗되어
흙속으로 돌아가고
있는 것도 아니고
없는 것도 아니고

헤어지는 물결
가슴에 요동치는 그리움
하고 싶은 말이 있어도
허전한 물거품

번뇌의 강

산골짜기를 돌고 돌아
흐르는 번뇌

안타까움은 높은 데서
폭포되어 떨어지고

끝없는 욕망
손에 잡힐 듯 흐르고

떠나는 사람이 있는 강가에
오는 사람도 있네.

깊은 잠

지그시 감으신 눈
아무 말씀도 없으신 채
오늘도 무슨 생각하시며
누워만 계신지요?

혹독했던 어린 시절을
다시 생각하시는지요?
생사를 넘나드시던 그 때를
다시 생각하시는지요?

두려워지는 아픔
괴로운 꿈
절박하게 다가오는
꿈나라의 이별

입가에 맴도는
감당할 수 없는 인연
눈을 뜨셨다가
다시 감으시네

뜻을 이루시려던 생각
혹여 이루지 못한 현실
세상은 머무를 곳 없어
떠나시는 과객過客

초라할 것도 없고
화려할 것도 없는
굴곡진 인간 관계
편안해지고 싶은 흔적

깨어나소서!
용서해주시옵소서!
서운한 마음
멀어져 가시는 뒷모습

그 림 자

걸어가고 있는 모습이
그 사람이 아니고

부르고 있는 이름도
그 사람이 아니고

많이 가지려 해도
높이 오르려 해도 머무는 그 자리

아무리 그림자를 쫓아나서도
결코 닿을 수 없는 그림자

그림자 가는 길에
또 다른 그림자 따라오네

허 공

파도는 왔다가
되돌아가는 모래밭

바람이 스쳐가면
흔들리는 갈대밭

애절한 만남도
기막힌 인연일 뿐

사진속에 여전히
말없이 떠있는 미소

돌아본 허공은
둘이 아닌 하늘인가

공 원

쏟아지는 별빛으로
반짝이는 영혼
무심한 나무 사이
굴곡진 잔디

3발의 예총 소리
현충원 골짜기에 울리고
스러져간 흔적
이름 모를 최후 한마디

일제의 가혹한 핍박
동족상잔의 얼룩진 핏빛
펀치볼 전투에서 들리는 신음 소리
그때는 운좋게 살아나셨습니다.

압록강으로 진격한 선봉 6사단
푸른 별의 무공 훈장도
인해전술의 1.4 후퇴로
눈내리는 밤 낙오병이 되었습니다.

봄날처럼 따뜻한 겨울
총성이 멈춘 지도 오래인데
따뜻한 고향 찾아가시듯
실감나지 않는 이별인가요?

안 녕

떡국 한 그릇을
잘 드시고
저녁에 주무셨는데
아침 잠에서
깨어나시지 않으시니

하고 싶은 말씀
입안에서 힘들게 맴돌뿐
....
눈을 조금 뜨셨다가
다시 잠이 드시곤 하셨다.

날망을 지나 강을 건너서
산속을 내려오시던 비탈길
피난 떠난 처자식을 그리며
비오듯 쏟아지는 총탄속에서
운좋게 구사일생九死一生

아무 말씀도 못 하시고
괴로워하시는 호흡

도움을 드리지 못하고...
영원히 잠드시는 길에
편히 가시라는 작별 인사
못내 드릴 수가 없네요.

제 비

쉼없이 집으로 날아드는
고된 반복
지지배배 지지배배
입을 벌리며 반기는 새끼들

얘들아!
지지배배 지지배배
너희들도 부모가 되면
내맘을 알게 되겠지

잿빛 고양이

밤이면 눈빛 반짝이며 어슬렁대는
잿빛 고양이, 새끼 고양이도 재빠
르게 따라 다녔다. 언제부터인가
모습이 보이질 않는다. 웬일일까?
새끼 고양이만 홀로 숨었다가, 다
시 나타나서 어슬렁거린다. 무슨
일이 생긴 것일까?

침묵의 달

가을 바람 부니 어느새
찬 이슬 소식

꽃이 시들어가니 어느새
무심한 겨울 바람

아직 겨울 옷 받지 못했는데
구름 사이로 달이 비추니
하룻밤 집생각으로 이슬에 젖는다.

열매가 씨앗되어
찾아가는 높은 언덕
여인은 어머니 생각에
고개 넘어 먼 바다를 바라본다

이 세상에서 이루고 싶은 일
해야 할 일도 많으실텐데....
조용히 눈을 감아본다.
오호, 애재라!
현비유인 경주 이씨 신위시여!

꿈같은 인생 (신 회심곡)

세상 사람들아! 이내 말씀 들어보소
남녀노소 누구라도 절로 태어난 사람 어디 있소
1년 12달 부모님은 산부인과에 열심히 드나들어
아버님전 뼈를 빌고, 어머님전 살을 빌어
석달만에 피를 모아, 여섯달만에 육신이 생겨
열달 십삭을 고이 채워, 이내 육신이 태어났네
우리 부모 날 기를제 어떤 공덕 드렸을까
어머니는 진자리에 누우시고, 아기는 마른 자리에
뉘어, 곤곤하신 잠도 못다 주무시고
동지 섣달 설한풍에 추울세라, 덮은 배 덮어 주고
엉덩이를 토닥이며, 사랑에 겨워 하시는 말씀이
금자동아 은자동아
나라에는 충신동아, 조상님전 효자동아
동네방네 귀염동아, 일가친척 화목동아
은을 주면 너를 사고, 금을 주면 너를 사랴
부모 은공 생각하면 태산이라도 무겁지 않으리

자손 낳아 길러보니, 불효자의 거동으로
어머님의 가슴이 찢어질 듯 저려오고
어려서는 철을 몰라 부모 은공 갚을소냐

글공부는 아직 먼데, 무정 세월 화살 같아
청춘 가고 백발 오니 애달고도 슬프도다
젊으신네 생남 발원하고, 아기는 수명장수
축원이 갑니다. 덕담이 갑니다.
연만하신 백발 노인 일평생 잘 자시고
100세까지 잘 노시다 왕생극락 발원합니다.
관재구설, 삼재팔난, 우환질병, 근심 걱정
휘몰아다 외딴섬 깊은 산속에다
어리둥실 다 버리시고
일신 정기와 인간 오복을 모두 누리시옵소서

인간 백년을 산다해도 청춘 가고 백발 오니
고운 얼굴 주름 잡혀 쭈글 쭈글
귀는 먹어 절벽되고, 허리도 구부러져
기억도 오락가락 애통하고 절통하다
늙으신네 먼저 가고, 젊으신네 나중 가는
저승 길은 순서도 없네
공명 천지 하늘 아래 흘러가는 물이라도
선후先後 나중은 있으련만
수미산천 만장봉에 청산녹수 내리듯이
차례야 차례로만 흘러내려
빈 손으로 나온 세상, 물욕 탐심을 내지 마소
백년 모은 재물도 하루 아침에 없어지니
있는 재물은 먹고가며 쓰고나 가소

초로같은 우리 인생 한번 가면 언제 오나
뿌리없는 부평초 인생, 꿈속같은 살림살이
태평하게 사옵소서 나하아 아하아 헤나네

무정 세월 물과 같아 어언간에
육십 환갑 지나, 칠십 고희에
찾아온 저승 사자를 돌려 보내고
팔팔 미수米壽가 엊그제 같더니
구십 망백을 지나 백세까지 잘도 살았구나
백세 지난 아침 나절, 부모 은공 갚쟀더니
성한 몸이 저녁내로 병이 들어
119에 실려가서 중환자실에 입원하니
백약이 무효로다. 비나이다 비나이다
하나님전에 비나이다. 지성 구호 극진한들
죽을 목숨 살릴손가. 저승길이 멀다드니
대문 밖이 저승이라. 친구 벗님 많다한들
어느 누가 대신 가며, 일가친척 많다해도
어느 누가 동행하랴. 대문 밖을 썩 나서서
적삼 내의 손에 들고, 혼백 불러 초혼하니
없던 곡성이 낭자하다, 아하아 헤나네~
저승사자 재촉하며 천방지축 몰아갈제
높은 데는 낮아지고, 낮은 데는 높아진다.
저승사자 내말 잠간 들어주소
시장한데 점심이나하고, 쉬어가자 애걸한들

들은 척도 아니하고, 저승 옥문 당도하니
남녀 죄인 잡아들여 형벌주려 묻는 말이
나라에 직언 극간하여 충성을 다 했는가
부모님께 효도하여 가풍을 세웠는가
배고픈 사람 밥을 주어 아사구제하였는가
구난 공덕, 활인 공덕을 쌓았느냐
시부모 친부모께 지성 효도하였느냐
형제 친척간에 우애하고 화목하였느냐
부모 말씀 거역하고, 동기간에 이간하고
열두시로 마음 변해 못 듣는데 욕을 하고
마주 앉아 웃음 낙담, 군말하고 성을 내며
시기하기 좋아한 년놈은 풍도옥에 가두리라
선남자와 선여인은 소원대로 들어주마
극락으로 가려느냐 연화대로 가려느냐
선녀되어 가려느냐 요지연에 가려느냐
나무아미타불 관세음보살

5부

아무르의 여인
(스토리 텔링)

반고盤古의 전설

고대 중국의 신화적 인물인 반고
키가 구만리九萬里
남해에 그의 묘는 3백리
그가 바로 중국 천지를 창조한 조물주

그 당시 여와라는 여신
인간을 흙으로 빚어서 창조하였고
"산 사람은 반드시 죽는다."는 한계 상황으로
남녀의 교접에 의해서 인간을 생산하는
혼인 제도는 비로소 시작....

이 때부터 남녀는 교접하고
인간은 제멋대로 번성
인간들은 물과 불로 서로 다투기도
땅과 재물을 소유하려는 다툼
인간은 급기야 정치와 장사를 하게 되고

선과 악, 음과 양의 행태인 역사
곤륜산인지, 히말라야산인지 높은 산 꼭대기
하늘을 떠받치는 기둥

인간의 탐욕은 드디어 재앙을 부르고
어느날 하늘에 닿은 기둥의 밧줄은 끊어져
강물과 바다에 물이 넘쳐, 세상은 물바다
산에서는 가공할 화산 폭발, 세상은 잿더미

반고는 천지를 창조
여와가 인간을 창조
과장된 중국 신화에서
인간의 욕심과 재앙의 역사는
유사한 종교적 분파로 변질되었다.

치우蚩尤 천황天皇

중원의 황제가 산동성 태산泰山으로 행차하여
천지 사방의 신들을 모두 불러모았다.
이 행렬의 전위대장은 호랑이와 이리 떼를 거느린
도깨비 모습을 한 치우
치우는 행행行幸, 바람의 신風伯, 비의 신雨師과
함께 황제의 행렬을 이끌고 갔다.

치우의 눈은 네 개, 손은 여섯, 구리로 된 머리,
쇠 이마의 형상을 한 도깨비와 흡사하였고
그는 자기 몸집과 같은 72명의 형제들과
불평을 늘어놓는 풍백, 우사 등을 끌어들여
황제를 모반하기에 이르렀다.

황제의 지지 세력과 치우의 72형제 등 요괴 부대는
판천에서 처음으로 싸움을 벌였고,
북쪽 탁록에서 두 번째 결전에서
치우의 군사들중 풍백. 우사의 활약으로
큰 바람을 일으키며 전장터에 폭우를 뿌렸고,
짙은 안개를 이용하여 군사들은 신출귀몰
황제의 군사들을 여지없이 격파

황제의 군사들은 8전8패로 고전苦戰
고심苦心 끝에 풍후風后라는 지혜의 신에게
기동력이 좋은 지남차指南車를 만들도록 명하였고,
황제의 군사들은 빠른 신형 수레를 이용하여
치우의 군사들을 세차게 몰아치자,
치우는 더 이상 공격을 막지 못하고 도주하였다.

황제에게 패배한 치우는 동북 변경으로 가서
그는 예맥濊貊족의 첫번째 황제가 되었다.
그 후 한반도 도처에서 도깨비 형상을 한
치우를 천황으로 모시는 민간 신앙이 생겼고
지금도 축구장에 내걸린 "붉은 악마"의 전설
오천 여 년 전에 풍백, 우사를 거느렸던
치우 천황의 재림再臨
치우는 한반도 역사속에 살아 있는 신화

관중管仲의 패업霸業

손을 펴서 구름을 부르고
손을 뒤집어서 비를 부르네
경박한 사람의 수를 헤아려 무엇하랴.
보라, 관중이 빈곤했을때 포숙의 우정을!
이렇게 아름다운 우정의 도道를
사람들은 흙과 같이 여긴다고
시성詩聖 두보杜甫는 읊조렸다.

창고가 가득해야 예절을 알고
의식이 풍족해야 영예와 치욕을 안다고
"논어"에서 공자는 관중을 "인자仁子"라고
최대의 찬사를 보냈고
"삼국지"에서 제갈공명은 관중을 "이상적 인간"으로
생각하였는데
유교와 제자백가의 사상에서 "실천적 사상"으로
관중의 사상은 진가眞價를 발휘하였다.

무릇 최고의 지도자霸王는 우선 한 나라를 풍족하게 만들고
다시 이웃나라까지 그 은덕을 베풀 수 있어야 했다.
한 나라의 존망은 이웃나라와 밀접한 관계가 있으므로

스스로 덕德에 의한 정치를 하고
사악한 신하는 처벌하여 도덕 의식을 높여야 한다.
또한 천하를 얻기 위하여는 우선 사람을 얻는데 노력해야 하고
영토를 확장하기 위해서는 우선 주지 않으면 안되며
상대방을 복종시키기 위해서는 우선 양보하여야 한다.

지혜있는 자가 미래를 잘 헤아린다 하여도
졸렬한 계획이라도 없으면, 시기에 맞는 일을 당해내지 못한다.
현명한 지도자는 도리를 바로잡는 일을 중요시하고
도리에 맞게 나라를 잘 다스리면 천하가 태평해지나
그렇지 않으면 강대국이라도 약소국과 다를 바 없다.
또한 아무리 지위가 높더라도 예의를 지키지 못한다면
신분이 낮은 자와 다를 것이 없는 이치와 같다.

백성이 가장 근본이 된다는 인식은
최고 지도자의 출발점이 되고,
그것은 나라를 안정시키는 것이며
위정자爲政者는 백성의 존경을 얻음으로서
권위가 높아진다고 2,000년 전에 관중은 생각하였다.

위대한 지도자는 항상 천하의 형세를 잘 관찰하고
그것에 따라 행동할 시기를 결정한다.
세상을 바로 잡겠다는 올바른 생각으로
지도자는 천하를 다투었고,

그들이 나라를 세웠던 것은 자의自意가 아니고
정비된 법에 의해서였다.
그들이 나라를 다스림에 있어서도
어디까지나 평이한 방법을 선택하였다.

실력에 맞지 않는 행동과 조치를 취하여
공명을 앞세우면 오래 갈 수 없는 것이니
사람의 도리人道와 땅地道과 하늘의 뜻天道을 받들어서
악한 자를 징벌하는 것이 지도자의 무武이며,
일단 굴복하는 자는 용서하는 것이 지도자의 문文이다.
이 문무의 요소가 겸비된 것이 지도자의 덕德이라고 하였다.

손자병법孫子兵法

손무孫武는 춘추시대(BC 6세기) 제나라 낙안 출신
강한 자가 약한 자를 잡아먹는 싸움의 배경은 무엇이고
전쟁은 어떻게 전개되었고, 결과는 어떠했는가?
전쟁에서 이기려면 어떻게 해야하는가?
"그 법칙을 밝혀내보자"는 생각에 골몰하였고
어떤 경우이든 승패가 미리 결정되어 있어,
길흉吉凶이 정해져 있는 것일까?
4계절의 변화, 밤과 낮, 춥고 더움, 멀고 가까움 등
사람의 힘으로 바꿀 수 없는 것이 운명?
그렇다면 불리한 것은 피할 수 있고,
거꾸로 그것을 이용할 수도 있지 않을까

병법이나 전술이 적을 쳐서 이기는 기술이라면,
사람의 힘으로 얼마든지 바꿀 수 있지 않은가?
병법의 궁극적인 목적은 단지 승리에만 있는 것일까?
전쟁으로 인한 인명과 물자의 손실은 매우 심각하다.
전쟁에 이기고도 나라가 멸망하는 경우도 있지 않은가?
병법을 체계적으로 정리한 손무는 오나라 합려를 섬기
면서, 병법을 실전에 효과적으로 응용하는데 성공하였다.
싸움터에서 내리는 궂은 비가 몇 달을 멈추지 않고

돛대는 기울고 노는 부러져, 저녁 어둠이 깊어지는데
호랑이는 울부짖고, 원숭이마져 슬피 우는구나!

손무의 손자인 손빈은 전국시대 제나라 출신
어려서 부터 학문을 싫어하고 놀기를 좋아하였으나,
방연龐涓을 만나 함께 병서를 공부하게 되었다.
손빈은 병법가로서 출중한 재능을 보여 주었고,
방연이 출세하도록 결정적으로 도와 주기도...
손빈은 불운하게도 방연에게 배신을 당하고, 혹독한
빈형에 처해졌고, 무릎 뼈 아래가 잘라진 불구의 몸으로,
극적 탈출을 감행하여, 후에 손빈은 제나라 군사軍師가 되어
그는 마침내 위나라 방연과 군사들을 마릉 협곡으로 유인하여
전멸시키는 보복에 성공했다. 후세에 손자 병법의 전략 13편은
계計, 작전... 화공火攻, 용간用間등으로 세상에 전해진다.

전쟁은 나라의 중대한 일로서, 백성들의 생사가 달려있고
나라의 존망이 걸렸으므로兵者 國之大事 死生之地 存亡之道,
다섯 가지 정황을 탐색해야한다.
당사국의 정치道, 상황天, 환경 여건地, 지휘자將, 법
제法制를 비교해봐야 한다.
적을 공격하려면 힘을 다해야하고, 군사를 오랫동안 고생시키
면 나라의 재정이 궁핍해진다. 무릇 전쟁을 오래하여 나라에
이익이 되는 것은 아직 없었다. 전쟁의 해로움을 이해하지 못
하는 자는 용병의 이로움도 완전히 이해하지 못한다.

적을 죽이려면 부하들로 하여금 분노를 일으키게 하고, 그들에게 응분의 보상도 해줘야 한다. 攻城則力屈 久暴師則國用不足

용병을 잘하는 자는 적을 굴복시키되 싸워서가 아니고, 남의 성을 빼앗되 공격해서가 아니고, 나라를 치되 오래 끌어서가 아니고, 반드시 적의 모든 것을 온전히 쟁취한다. 이것이 책략으로 적을 공격하는 방법이고, 상대방을 알고 나를 알면 백번 싸워도 위태롭지 않고, 상대방을 알지 못하고 나만 알면 일승일패한다. 知彼知己 百戰不殆
승리를 예견할 수는 있어도 그것을 원한다고 얻지 못한다. 적이 이길 수 없게 수비를 잘해야하고, 내가 이기려면 공격을 잘해야한다. 전쟁에 능한 자는 승리할 수 있는 여건을 갖춰놓고, 싸워서 이겼다. 古之所謂善戰者 勝於易勝者也

어떠한 적의 공격을 받더라도 패하지 않게 하는 것은 변칙적인 기습과 정면 공격의 적절한 운용에 있다. 유능한 장수는 적의 행동을 아군의 의도대로 조종할 줄 알고, 그러한 상황을 만들어 적으로 하여금 반드시 따르게 하며, 적에게 이익을 주어 유인하고 걸려들게 한다. 可使必受敵而無敗者 奇正是也
적이 편안하면 이를 피로하게 만들고, 적의 식량이 풍족하면 이를 빈곤하게 만들고, 적이 안정되어있으면 이를 동요시킨다. 공격을 잘하려면 적이 어떻게 수비할지 모르게 만들고, 수비를 잘하려면 적이 어떻게 공격해야 좋을지 모르게 허허실실虛虛實實의 전략을 구사한다. 敵佚能勞之 飽能飢之 安能動之

전쟁은 속임수로 자신의 의도를 은폐하고, 상황이 유리할 때 행동하며, 병력의 분산과 집중으로 전법의 변화를 꾀한다. 엄정하게 질서를 유지함으로써 적이 혼란해지기를 기다리고, 안정된 태세로써 적이 동요하기를 기다리며, 심리를 다스리고 이용할 줄 알아야한다. 兵以詐立 以利動 以分合爲變者也

적국을 굴복시키려면 약점을 찔러 위협하고, 적국을 피폐하게 만들려면 적국의 백성들이 쉴 수 없게 만들며, 적국으로 하여금 우리 측에 협력하게 만들려면 이익을 주어 유인해야 한다. 이는 주동적 위치를 선정하여, 싸우지 않고 이기는 길이다.

屈諸侯者以害 役諸侯者以業 趨諸侯者以利

무릇 행군할 때와 적과 대치할 때는 지형을 고려해야 한다. 산악지대를 통과할 때는 골짜기의 수초水草를 따라 행군하고 숙영할 때는 앞이 탁 트인 고지를 점령해야 하며, 적이 고지를 점령하고 있을 때는 정면으로 쳐올라가는 공격은 하지 말아야 한다. 凡處軍相敵 絶山依谷 視生處高 戰隆無登

장수가 부하를 통솔할 때는 문덕文德으로써 명령을 내리고, 무위武威로써 다스려야 한다.

적을 알고 나를 알면 승리가 위태롭지 않고, 천시를 알고 지리를 알면 승리가 안전하다.

知彼知己 勝乃不殆 知天知地 勝乃可全

전쟁이 벌어지기 전에는 처녀같이 얌전하여 적의 경계심이 소홀하도록 하고, 전쟁이 벌어지면 토끼장을 벗어난 토끼처럼 신속하게 움직여, 적이 미처 저항하지 못하도록 하게 한다.
始如處女 敵人開戶 後如脫兎 敵不及拒

불로써 공격하는 방법으로는 적의 인마를 살상하고, 적이 쌓아둔 곡식 더미를 불태우고, 적이 거주하는 보급부대를 불지르며, 적의 각종 창고를 불태우고, 적의 진지 깊숙이까지 불살으는 것이다. 불에 의한 화공은 공격의 보조 수단으로 그 효과가 확실하다. 물에 의한 수공도 위력은 있으나, 화공처럼 적의 인마나 물자를 빼앗기는 힘들다. 凡火攻有五 火人 火積 火輜 火庫 火隊

영명한 군주와 현명한 장수는 일단 출군하면 승리를 거두고, 남보다 뛰어난 공적을 세우는데, 그 이유는 미리 적정을 정확히 파악하고 있기 때문이다. 지혜롭고 명석하지 않으면 첩자를 운용할 수 없고, 인의를 갖추지 않으면 첩자를 부릴 수 없으며, 세심하고 치밀하지 않으면 첩자로부터 진실된 정보를 얻을 수 없다. 明君賢將 所以動而勝人 成攻出於衆者 先知也

군대는 바람처럼 빠르게 움직여서 흔적이 없어야 하고, 멈출 때는 숲속의 나무처럼 고요해야 하며, 공격할 때에는 성난 불길처럼 맹렬해야 하고, 수비할 때는 거대한 산처럼 동요없이 태연해야 한다. 風林火山

한　신 韓信

장량이 보검寶劍을 가지고 한신을 찾아가서
"이 검이 어둠속에서 검은 물을 만나면 교룡蛟龍이
울면서 숨고, 공산空山으로 뻗치면 귀신이 모두
놀랍니다.
만약에 이 검이 천하의 영웅을 만나면 쟁쟁한 소리를
스스로 낼 뿐 아니라, 그 값을 치르지 않아도 결국
그 주인에게 이 검은 돌아가고 맙니다.
장군께서 이 검을 얻으신다면 그 위세는 천하를
압도壓倒할 것입니다."
한신은 흥미를 느끼며
"내가 초楚나라의 신하가 된 후로 아무도 알아주지
않았는데, 선생께서 보검을 가져오셨다니 어디 한번
보기나 합시다."
장량이 원융검을 한신에게 보여 주자
"이 사람은 대장될 덕이 없으니, 필시 이 검의 주인으로
마땅치 않으리다."
"장군의 지략은 옛적 손자, 오자보다 훌륭하며, 좋은
주군을 못 만났을 뿐...
한왕漢王 유방劉邦은 어질고 너그러워, 앞으로
큰 일을 할 분이외다."

장량은 보검을 건네주며, 유방에게 추천하는 각서도
한 장 써주었다.

한신은 꿈을 이루려 초나라를 탈출하여, 한漢의 재상
소하를 먼저 찾아갔다.
"무릇 장군은 다섯 가지 재능이 있고, 열 가지 허물이
없는 것이니
오재五才는 지인신용충智仁信勇忠의 재능을 말하고
십과十過는 죽음을 가볍게 여긴다거나, 급한 일을
당해서 허둥대고, 욕심으로 이익을 챙기는 등....
열 가지 허물이 있으면 대장될 자격이 없습니다."
소하와 하후영이 감탄하여, 유방에게 한신을 대장군으로
추천하기에 이르렀다.
"한신은 회음淮陰 땅에서 남의 사타구니 밑으로 기어
다니고, 끼니가 없어 밥을 빌어먹은 빈천한 자인데,
그를 장군으로 삼는다면 삼군三軍이 불복하고,
천하의 제후들이 모두 배꼽을 빼고 웃으리라."
유방은 소하의 추천을 여러차례 거절하였으며, 거듭되는
청에 못이겨 한신에게 양곡을 관리하는 미미한 직책을
맡겼는데, 그는 빈틈없는 신산神算의 재능으로 양곡관리를
잘 하였으나, 꿈을 못이룬 아쉬움에 유방의 곁을
떠날 생각뿐이었다.

유방은 장량이 한신을 대장군으로 추천한 적임자임을

뒤늦게 알게 되었고, 대원수가 된 한신은 유방이 중원
으로 돌아갈 계획을 면밀히 진행하였다.
"초나라 항우項羽는 관중에서 도읍을 팽성으로 옮겼고,
진秦나라 임금인 의제를 살해하였으며, 백성 20만을
갱속에 묻어 죽이는 등 천하의 인심을 잃고 있다.
한왕 유방이 포중에서 동쪽으로 진격하면, 천하 만백성
이 귀순해올 것입니다."
이미 포중에서 동으로 나가는 길(잔도)은 불태워졌으니,
한신은 길을 찾아야 했다.

한신은 번쾌에게 잔도를 보수하도록 명령하여, 적敵을
속이는 한편, 험한 진창陳倉 길로 한신은 군사들을
이끌고, 산관을 불시에 공격하였다.
한신은 적과 싸우면서 거짓 패한 척 도주하다가,
적을 유인하여 복병으로 일거에 섬멸하는 작전을
구사하였다. 또한 포로가 된 적장들을 설득하여
막료로 삼으면서 파죽지세破竹之勢로 삼진三秦을
섬멸하였다. 드디어 한왕은 함양에 입성하여 승리를
자축하였고, 이어서 한왕은 대군을 거느리고 낙양성
으로 들어갔다.

한왕이 의제義帝의 상喪을 발하고, 격문을 돌리니
가히 군사는 60만 대군으로 늘어났다. 한왕은 한신
에게 대군을 거느리고 항우를 치라고 재촉하거늘

"군사를 움직이려면 먼저 때天時를 보아야 하고, 지리地利를 밝혀서 길일吉日을 잡아야 하는 법인데, 아직은 군사를 움직일 때가 아닙니다. 이 곳에서 잠시 머물러 군마軍馬를 조련하고, 병량兵糧을 충분히 축적한 후에, 내년에 가서 초나라를 쳐도 늦지 않을 듯 싶사옵니다."
한신의 권유를 유방이 끝내 듣지 않자, 한신은 홀연히 함양으로 돌아갔다.
이튿날 유방은 위표魏豹를 대원수로 삼아 출진하였는데, 오추마烏騅馬를 탄 항우의 필살기必殺氣에 눌려, 한나라 장수 번쾌 등이 번번히 패하여 도주하였다. 한병漢兵은 초군楚軍에게 대패하였고, 유방도 간신히 도망쳐 목숨만 건지었다.

유방은 한신을 다시 기용하여, 초군과의 일전을 준비하지 않을 수 없었다.
한신은 함양에서 수백량의 수레戰車에 궁노弓弩와 철포鐵砲를 설치하고 정예 기병騎兵을 양성하여 속도전에 대비하였다. 한신은 유방의 명에 따라 다시 삼천량의 수레를 더 만들고, 군사를 50만으로 늘려서 조련시켰다.
한신이 선전포고문宣戰布告文을 항복 문서라고 속여 항우에게 보내자,
이를 본 항우는 노발대발하며, 스스로 30만의 군사를

이끌고 쳐들어왔다.
항우가 분을 못 이겨 창을 꼰아잡고, 일직선으로 한신을
향해 달려들자
한신은 한번 싸워보려고도 아니하고, 말을 채찍질하여
동쪽으로 달아났다.
항우는 한번도 진 적이 없다는 자만심으로, 한신을
갈아먹을 듯이 추격하였고
한신이 다리를 건너 도망치자, 항우와 그의 군사들도
다리를 건너 추격하였다.
한신은 20여리까지 더 도주한 후에, 항우를 적당히 유인
하였다는 생각이 들자
한신은 매복한 병사들에게 일제히 반격하도록 신호를
보냈다. 전차에서 철포와 화살이 비오듯 쏟아졌고,
항우의 군사들은 우왕좌왕하며 뿔뿔히 흩어졌다.
항우는 부하 종리매의 도움으로 간신히 구출되었고,
하룻밤 하루낮에 20여리를 도주하여 성城으로 돌아갔다.
초군은 30만명 중 20만명을 잃는 대참패였다.

군사를 재정비한 항우가 다시 출진하자, 유방을 지원하려는
한신의 대군이 성고로 이동해 대비하였고, 팽월이 초군楚軍의
보급로를 차단하니, 항우도 급히 광무로 물러나서 진용을 갖추
었다. 이에 한신도 광무에서 20리 떨어진 지점에 진을 쳤다.
마침내 항우의 군사들이 진격해오자, 한신이 나아가 항우에게
일갈一喝하였다.

"용맹이란 스스로 믿을 것이 못되고, 강함이란 오래 지탱할 수 없는 것일진대
어찌 부하에게 명하여 싸우려 하지 않고,
위의威儀를 잃고 직접 싸우려 하오.
오늘은 그대를 쳐서 천하의 웃음거리로 만들고야 말겠소."
항우는 격분하여 창을 빗겨들고 곧장 달려나왔고, 한신은 싸우려하지도 않고, 거짓 패한 척하며 동남쪽으로 뺑소니를 쳤다. 한신의 유인 작전에 속아서 초군은 곤경에 빠졌고,
태을진太乙陣의 진법으로 한신이 대군을 휘몰아 공격하니,
항우는 혼비백산하여 포위망을 간신히 벗어나서 본진으로 퇴각하여야 했다.

며칠 후에 항우는 30만 대군을 이끌고 성을 나서려는데,
갑자기 큰 바람이 불어 중군의 깃대가 두 동강이 나고,
오추마가 다리에서 울부짖는 흉조凶兆가 있었다.
그러나 한신의 구리산 매복작전은 항우의 용력勇力이 강대해서 작전에 성공하지 못했다.
고심끝에 한신은 장량에게 계교를 청하여, 그대로 전술을 구사하였다.
초군들이 차가운 이슬에 젖은 산기슭 아래에서 외로이 고향 생각에 잠겨있을 때, 홀연히 산위에서 구슬픈 피리 소리가 잔잔히 들리더니,
애끓는 비가悲歌가 되어 바람을 타고 점점 크게 흘러갔다.
장량이 부는 피리 소리는 구슬피 끊이는 듯하다 다시 이어

지고, 높아지는가 하면 이윽고 낮아지며 사방으로 울려퍼지자,
어느덧 병사들은 두 줄기 눈물을 하염없이 흘렸고,
하나 둘 이탈하여 반식경도 되지 않아 거의 진중을 빠져나가,
항우의 곁을 지키는 군사는 고작 8백 여명에 불과하였다.
새벽 잠에서 깨어난 항우는 이 사실을 뒤늦게 알고, 길게
탄식하였다.
"힘은 산을 무너뜨리고 기운은 세상을 덮었건만力拔山氣蓋世
때는 불리하고 말은 가려하지 아니하는구나.
말이 가려하지 아니하니 어찌하면 좋을고?
우虞부인이여! 우부인이여! 어찌하면 좋은가?"
절세의 미인 우부인이 답하기를
"한병漢兵이 이미 천하를 빼앗으매, 사방이 모두 부르노니
초가四面楚歌로다.
대왕의 의기가 다했거늘, 첩은 장차 어떻게 살으리오."
항우는 포위망을 피해 패주敗走를 거듭했고, 따르는
병졸 20여명도 지쳐 있었다.
항우는 이제 자신의 운이 다했다고 생각하며, 서른 한살의
젊은 영웅은 무심히 흐르는 오강가에서, 천추의 한을 남긴 채
스스로 목을 찔러 자결하였다.

항우를 격파한 유방은 천하 통일의 대업을 성취하고,
이렇게 회고하였다.
"짐은 계교를 꾸며 승리하는 데는 장량만 못하고, 군량미를
제 때에 운송하는 데는 소하만 못하고, 대군을 이끌고

전쟁에서 승리하는 데는 한신만 못하노라.
짐이 이 세 사람을 모두 잘 기용했기에 천하를 얻게 되었노라."

한漢이 개국한 후에, 크고 작은 변란이 자주 발생하였다.
이에 장량은 병을 핑계삼아 한가로이 지내며 두문불출
장량의 아들이 이를 못마땅해하자
"무릇 세상의 부귀를 탐하는 자는 물불 가리지 않고
아첨과 모략을 일삼는데, 인간의 탐욕과 권세는
만족할 줄 모르고...
지위가 올라가면 시기.질투를 반드시 받게 되는데,
부닥친 위험을 모르는 게 인생....간신배들의
모함으로 임금이 신하를 노여워한다면, 그 때에
가서 어찌해 볼 도리가 있겠는가?
청풍명월淸風明月을 벗삼아 운수雲水간에
노닐면서 꿈과 마음을 닦으면, 어찌 봄날의 꽃과
같은 부귀 영화에 비길 수 있단 말이냐!"

초왕楚王이 된 한신이 불칙한 음모를 꾸미고
있다는 밀고密告를 받자
한왕은 사냥을 빙자하여, 한신을 운몽으로
유인하여 사로잡아 결박하였다.
"그대는 많은 병마를 조련하고, 항우의 부하였던
종리매를 숨겨둔 채, 불칙한 음모를 꾸미고 있다는데
사실인가?"

"새가 없어지매 활을 버리고, 사냥이 끝나자 사냥개를
삶아 먹으며兎死狗烹, 적들이 멸망하니 충신이
죽는다 하더니,
이제 나도 쓸모없어졌단 말인가?"
그러나 대부 전긍田肯이 한신의 공로를 유방에게
간곡히 간諫하여 한신은 목숨을 겨우 건지게 되었고,
회음후淮陰侯의 한직으로 쫓겨났다.

변방에서 북번의 군사들이 대주로 쳐들어오자,
유방은 진희를 대장군으로 삼았는데, 진희는 출정에
앞서 한신의 가르침을 받으러 찾아갔다. 한신은
옛 부하였던 진희에게 자신의 처지를 비관悲觀하면서
"무릇 권력을 가진 자는 고생은 함께 나눌 수 있어도,
즐거움을 함께 나누지 않는다. 장군이 북번을 파하고
개선한다면, 아침에 제후가 될지라도 저녁에 반드시
폐출당하여, 나와 같은 신세가 되리로다....."
진희는 북번을 토벌하자, 한신의 말대로 스스로 왕위에
올랐다. 유방은 40만의 군사를 이끌고, 진희를 토벌
하려는 출정에 앞서 유방은 왕비 여후呂后와
재상 소하에게
"한신이 딴 마음을 숨긴 채 기회를 엿보고 있으니
두 사람이 상의하여 잘 처리하도록 하오."
한제漢帝가 출정한 지 얼마 후에,
소하에게 밀고가 들어왔다.

"한신이 역적 진희와 내통하여 모반을 꾀하고 있소이다...."
한신의 하인이 밀고하였다는 소하의 보고에 왕비 여후는 "지체하지 말고, 한신을 잡아 처단하라."고 명령하였다.
한신은 결박을 당한 채 끌려나와, 말없이 하늘만 쳐다 보다가 입을 열었다.
"아아 후회막급이로다. 내 일찌기 제나라 왕의 자리를 떠나지 말라던 괴철의 말을 듣지 않았다가, 이제 부질없이 한 여자의 손에 죽게 되다니, 이게 하늘의 뜻天命이란 말인가...."
유방이 황제에 오른 지 11년(BC196년) 9월 11일, 천지도 무심치 않아 하늘은 검은 구름이 뒤덮였고, 온종일 궂은 비가 내려 세차게 퍼부었다.

장기판에서도 한나라와 초나라 군사들이
일진일퇴一進一退하며, 오늘도 싸움을 그칠 줄 모른다.

정관貞觀의 치治

북주北周의 명장名將인 양견楊堅은 수隋나라를 세워
문제文帝가 되었고, 그의 아들 양제煬帝가 즉위하여 대운
하 건설과 세차례에 걸친 고구려 침공의 실패로 인하여 나라
의 재정이 궁핍해지고, 민심은 날로 흉흉해져서 전국 각지에
서 반란이 끊이지 않고 일어났다.
"이씨 성姓을 가진 사람이 천하를 얻어 흥하고,
양씨는 멸망한다" 桃李子 得天下 李氏興 楊氏滅
라는 요언謠言이 어지러운 세상에 돌고 있었으나
태원 유수 이연은 양제와 이종 사촌간으로, 그는 성품이 무
난하고 우유부단하였으며, 나라에 대한 충성심을 잃지 않아
황제에게 의심을 받지 않았다.

이연의 삼형제중 둘째인 이세민은 용맹하고 과단성이 있어서,
그의 주변에는 시정잡배, 산적 출신 불량배, 힘있는 장사 등
이 항상 모여들었다. 이세민이 수나라를 멸망시키려고 정작
의병義兵을 모집해보니, 열흘이 지나지 않아 1만명이 넘게
모여들었다. 그러나 세민은 거병擧兵하도록 아버지 이연을
설득하는데 실패하였다. 세민의 측근인 배적이 꾀를 내어,
태원의 이궁離宮에서 황제의 후궁들이 이연에게 술 시중을
들게하고 동침同寢까지 하게 사주하였다. 술에서 깬 이연은

황제의 궁녀와 간통한 대역죄大逆罪를 저질렀음을 뒤늦게 알아차렸다. 이연은 다른 선택의 여지가 없이, 무장한 의병 3만명을 이끌고 초가을 신선한 바람이 부는 태원을 출발하였다.

이연의 군사들이 장안성을 향하여 진격하는 도중에 장마 비는 그치지 않고, 식량도 점차 떨어져가자, 함께 움직였던 장졸將卒들 대부분 다시 태원으로 회군하자는 의견들로 술렁거렸고,
이세민은 이대로 좌절하여 진격의 의지를 꺾을수 없다며,
곽읍성을 지키는 송노생을 우선 공격하자고 주장하며
승리를 쟁취해야 유일한 돌파구가 되리라 믿고,
송노생이 이연과 내통한 것처럼 소문을 퍼뜨렸다.
다음날 새벽 적병으로 변장한 군사 수십명을 성안으로 침투시켜 성문에 불을 질러 성문을 활짝 열었다.
송노생은 잠에서 깨어 동문으로 피신하였고, 이연의 군사들은 장안성 공략의 첫 싸움에서 대승을 거뒀다. 연이은 반란으로 수 양제는 장안성을 버리고 좀더 안전한 남쪽 강도로 피신하였다.

9월에 들어 장안성을 향하던 이연의 군사들은 굴돌통의 방어진지에 접근하였다. 이세민은 완강한 방어진을 격파하기보다 우회하여, 곧바로 장안성을 공격하자고 주장하며
"병법에 군사는 신속하게 움직여야 한다고 했으므로, 굴돌통을 놔두고 장안성을 공격해야 작전상 유리하다. 여기에서 시간을 지체하면, 장안성이 재정비할 기회를 주고, 우리의 공격은 더욱 어려워진다."
이연은 세민의 작전에 따라, 일부 병력으로 굴돌통의 장안성 지원을

차단케 하여 묶어 두는 한편,
이세민이 13만 병력을 이끌고 장안성을 공격하도록 지시하였다.
장안성 수비대는 이미 전의戰意를 상실한 상태여서,
소규모의 몇 차례 싸움끝에 장안성 문은 활짝 열리고 말았다.
이 때가 대업 13년 11월, 이연이 태원을 떠난 지 4개월 만이었다.

장안성을 공략한 이연은 대왕代王 유侑를 3대 황제恭帝로
즉위시키고, 이연은 대승상이 되어 실권을 장악하였고,
이연은 군사들로 하여금 백성들의 재물을 탈취하는등 백성을 괴롭
히는 일체의 불법 행위를 금지시켰고, 민심을 얻는데 주력하였다.
누규陋規가 무너지면 반란이 일어나고, 혁명이 뒤따르는 것
불량배들의 싸움판에도 나름대로의 규칙이 있고,
도둑들에게도 도둑들만의 규율이 있고,
노름꾼에게도 노름꾼세계의 독특한 규칙이 있게 마련인데
그 행위의 기본 도덕성이 사회 전체와 긴밀히 연결되어 있어,
집단의 최고 가치인 누규陋規가 무너지면 "의리없는 놈"
그들의 세계에서는 행세하기가 어려워지는게 불문율이었다.
당시 각지에서 반란은 끊이지 않았고, 왕을 자처하는 자들도...

수나라 신하인 우문화급은 황제 양호를 독살하고,
스스로 황제라 칭하였다.
비적떼 두목 출신인 두건덕은 하夏나라의 왕이 되어,
우문화급을 붙잡아 처형하는 등 세상은 날로 어수선해졌다.
수 양제가 살해되었다는 소식으로, 실권없는 수나라 3대

황제恭帝는 당왕唐王 이연에게 양위해야만 할 처지가 되었다.
그해 5월 이연은 당나라 황제高祖에 즉위(618년)하였다.
낙양성을 지키는 왕세충이 아직 당나라에 항복하지 않고
있었으므로, 이연의 군사들이 낙양성을 지원하러가던 하왕
두건덕을 생포하여 낙양성을 고립시켰다. 보급과 군사 지원이
끊긴 왕세충은 마침내 당나라에 항복하였다.(622년)
천하가 안정되어가자, 장자 상속의 오랜 전통에 따라 세민의
형인 건성이 황태자가 되었고, 형제간 갈등과 불신은 깊어지고

북방에서 돌궐족이 장성을 넘어 당나라를 침입해오매,
북방 구원군 총사령관에 세민의 동생 원길이 정해졌다.
수하의 장수들로는 세민의 측근인 위지경덕, 이세적 등이 출전
황태자 측근들은 이세민의 수하 장수들이 출전한 틈을 이용하여,
세민 일파를 제거할 것이라는 궁궐에 떠도는 풍문으로
세민의 부하들이 모여 대책을 논의하였고, 아침 조정회의에
참석하는 황태자 건성과 동생 원길을 역습하기로 하였다.
다음날 궁중으로 통하는 현무문에 배치된 세민의 병사들이
입궁하는 동궁과 동생 원길을 기습. 처단하였다.
당 고조는 이세민을 황태자로 삼지 않을 수 없었고,
그는 통치 9년만에 황제의 자리를 29살 청년 이세민(태종)에게
물려주었다.(627년)

당 태종은 즉위하자, 개혁과 수성守成을 중점적으로
실천하려는 정관貞觀의 치세治世를 본격화하기 위하여

당 태종이 신하 위징에게 물었다.
"어떤 군주를 명군明君 또는 암군暗君이라 하는가?"
"여러 신하의 의견을 받아들이는 군주는 명군이고, 기분에 맞는 가신家臣의 의견만 믿는 군주는 암군입니다. 군주가 신하의 말에 귀를 귀울이고 아랫 사람의 말을 받아들이면, 가까이 있는 측근들도 군주의 눈과 귀를 가릴 수 없습니다. 아무쪼록 저를 양신良臣이 되게 해주시고, 충신이 되도록 하지 마옵소서. 양신은 후세에 훌륭한 이름을 남기나, 충신은 포악한 군주에게 살해당하고 종국에는 나라도 멸망하게 됩니다."
태종은 신하들의 의견을 들어서, 정치를 바르게 하려 힘썼다.

예로부터 어려움이 있을 때는 실정失政이 없다가도, 천하가 태평성세를 이루면 나라를 망치는 일이 일어나기 쉽다. 창업보다 수성이 더 어렵다는 사실을 태종은 잘 알고 있었다.

무사확은 태원에서 목재 장사로 큰 돈을 벌었는데, 뇌물로 벼슬을 얻어 공부 상서에 올랐다. 장사꾼 출신인 그는 출세하기 위해 문벌이 좋아야하므로, 수나라 왕실의 인척인 양씨를 후처로 맞아들였다.
후처로 부터 딸 셋을 두었는데, 그중 둘째가 무조(후에 측천무후)이고, 그녀는 무사확이 죽자 의붓 오빠들에게 천대를 받으며 힘들게 살고 있었다. 14세의 무조가 뛰어난 미모로 세상에 알려지고, 황제의 칙명으로 무조는 궁녀가 되어 입궁하게 되었다. 한때 무조는 태종의 총애를 받았으나, 요상한 유언비어로 그녀를 멀리하게 되었다.

"당나라는 3대에 망하고, 그 다음 여왕은 무씨가 집권한다."

세상에 떠도는 이 말로 인하여, 태종은 무씨 여인을 멀리하게 되었다. 버림받은 무조는 고난을 이겨내고 살아갈 길을 찾으려고 애썼다. 당시 멸시당하는 환관들을 까마귀라 불렀으나, 환관들은 궁궐의 실질적인 주인이었다. 애비의 장사 수완을 닮은 무조는 지닌 재물로 환관들을 매수하였고, 환관을 이용하여 궁중에서 돌아가는 정보를 얻었다.

태종은 태자 승건이 대역 사건에 연루되었다 하여 폐위시켰고, 동생 태를 태자로 책립시키려고 하였다. 태종의 처남이자 실세實勢인 장손무기가 이를 극력 반대하였고, 밑에 동생 치를 효심이 강하다고 하여 태자로 관철시키고자 했다. 태종은 허약한 성품의 치를 미덥지 않아 했으나, 끝내 신하들의 의견을 꺾지는 못했다.

지력智力, 체력, 정신력이 군왕의 기본임을 태종은 알고 있었으나, 신하들의 반대에 부딪쳐 치를 태자로 삼아야 했다. 태종이 병석病席에 눕자, 궁녀 무조는 동년배인 황태자에게 접근할 기회를 엿보았다. 궁녀는 황제가 죽으면 함께 죽임을 당하거나, 절간에 유폐되기 때문이었다. 태종이 태자에게 유언을 하였다.

"정무에 대해서는 장손무기와 저수량에게 의지하고,
병권兵權은 이세적을 믿어라…."

말이 끝나자 태자는 용변이 마려워 측청(변소)으로 달려갔다. 궁녀 무조는 물그릇을 받들고 태자의 뒤를 쫓아가서 기다렸다가, 피곤해하는 태자를 꼭 끌어안아 흥분시키며 뒤로 자빠졌다. 장소를 가릴 틈도 없이 격정적인 정사情事를 벌이며 "나를 버리지 말아달라" 애원했다.

정관의 치세를 펼쳤던 태종이 죽자, 섬세하고 나약한 고종이 즉위하였다.(650년) 무조는 감업사에 유폐되었고, 고종은 선제先帝 추도 법요식에 참석하기 위해 감업사를 찾았다.
황제는 승방에서 무조와 해후하였고, 오랜만에 뜨거운 두차례의 정사를 가졌다. 이로인해 무조는 회임하게 되었고, 황후 왕씨의 도움으로 무조는 입궁하여 아들을 출산하였다. 끈질긴 무조는 다시 황제의 총애를 받게 되었다.
중신들은 선제에 이어 황제를 유혹하여, 한꺼번에 부자父子와 관계를 가진 불륜의 여승女僧이라고 뒤에서 비난을 퍼부었다.
억척스러운 무조는 측근 수하들을 다독거리면서, 두통과 약한 시력에 시달리는 황제를 휘어잡았다. 한편 장손무기등 반대파와 맞설 소외된 배행검, 이의부, 허경종 등을 포섭하여 득세시켰다.

무조는 육체적 쾌락의 집착뿐 아니라, 시키기도 전에 따끈한 차에 꽃잎을 띄워 우아하게 받치는 등 품격도 보여주려 애썼다.
측천 무후가 집권하던 660년에는 신라와 손을 잡고, 백제를 멸망시켰고, 그 다음 해에 신라에서는 태종 무열왕(김춘추)이 죽고, 문무왕이 즉위하였다. 고구려는 수.당의 거센 공격도 잘 막아냈으나, 668년 연개소문의 아들들이 내분을 일으켜 나라는 자멸自滅하였다. 평양에는 안동도호부가 설치되었다.

690년 측천무후는 주 왕조를 세워 여자 황제라 칭하기에 이르렀고, 그녀는 705년까지 15년간 황제로 군림하였다. 무후가 병석에 눕자 그녀의 손자 융기(후에 현종)가 이끄는 혁명군의 강요에 따라 태자 현에게 양위하였고, 당나라 왕조로 다시 복귀되었다.(705년)

당 태종 통치기간(627 ~ 649년)의 치적을 오긍吳兢이 태종때의 년호인 정관을 따서 정관정요貞觀政要를 펴내었고, 제왕학 또는 통치학(대통령학)의 기본으로 널리 알려졌으며, 기업 경영의 통솔법으로 활용되기도 한다.
이세민은 자신의 당대 수성守成에 성공하였으나, 태자 책봉의 실패로 무씨 여인에게 권력이 넘어가는 역사의 흐름을 막을 수는 없었다.
편안할 때 위기를 생각해야 하고, 군주는 배요, 백성은 물이다. 물은 배를 띄우며, 또한 배를 뒤집는다.
군주가 지킬 도리를 지켜야 백성은 편안해지고, 어느 시대이건
뛰어난 인물은 있으며, 인물을 쓸 때에는 합당한 덕과 재능을
살펴야 한다. 군주의 잘못을 신하가 바로 잡아 준다면....
나라를 위해 얼마나 고마운 일이 되겠는가.

공 자孔子

공자는 기원전 551년에 노魯나라 추읍(산동성)에서, 재혼한 64세
된 아버지와 어머니 안씨顔氏 사이에서 늦둥이로 출생
공자는 세살때 부친을 여의였고, 주나라에 유학하여 예악禮樂 등
학문을 배워 익혔다. 공자는 제나라를 거쳐 노나라에 다시 돌아와서
백성을 덕德으로 감화시키고, 예禮로 가르치려는 유가儒家 정
치를 실현하고저 하였다. *삼환三桓 정치의 소용돌이에서 공자의
학문과 현실은 충돌이 불가피해져서, 그는 다시 노나라를 떠나
제齊, 진陳, 채蔡나라 등에서 자신의 정치 이상을 펼쳐보려
하였으나, 그 뜻을 이루지 못한채
기원전 484년 노나라에 다시 돌아와야 했다.

13년만에 돌아온 공자의 나이는 이미 67세, 그는 제자들을
가르치며 고서적 편찬에 몰두
그가 편찬한 오경5經은 역경易經, 춘추春秋, 시경詩經,
서경書經, 예경禮經으로서
유학자儒學者들이 정권을 잡은 중국과 조선에서
2,000년간 정치 사상을 지배한 지침서였다.
역경은 형이상학적 현서玄書로서 길흉화복을 점치는
무서巫書로 간주되었고, 춘추는 주왕조 시대의 역사를
기술한 책으로 전통 질서의 회복으로 자신의 정치 이상을

실현코져 했으나, 목적을 위해 역사를 왜곡하였다는 비판도 있다.
시경은 중국 최초의 시가詩歌 선집으로,
공자가 가치있다고 판단되는 300여 작품만 선별 수록하였다.
서경은 상서尙書라고도 하며, 최초의 정치 문헌집이다.
공자의 관념으로 고대의 제왕들은 모두 성인聖人으로
영웅보다 한 수 위로 생각하였다.
예경은 주 왕조 초기의 예절 의식을 기술하였다.
교육을 통해 예의를 실천하는 도덕 군자의 양성이 목적으로
예경은 유가儒家의 중심 사상으로 나중에 예기禮記,
의례儀禮, 주관周官 등으로 구체적 방안을 좀더
상세히 서술하였고, 나아가 군자는 예禮.악樂.사射.
어御, 서書, 수數 등 여섯가지 재주六藝를 익히고,
지智, 인仁, 용勇 등 세가지 덕을 쌓아야한다
역사상 중국의 춘추 시대를 살았던 공자는 전국 시대가
다가오는 기원전 479년에 72세로 세상을 떠났다.

공자의 제자들이 스승이 가르쳤던 말씀들을 모아
펴낸 책이 논어論語이다.
공자가 말씀하시기를, 배우고 때에 따라 그걸 익히면,
이 또한 매우 기쁜 일이 아닌가 學而時習之 不亦說乎
有朋自遠方來 不亦樂乎
벗이 먼 곳으로 부터 찾아오니, 매우 즐거운 일이
아니겠는가
남이 나를 알아주지 않아도 원망하지 않으니,

이 또한 군자의 도리가 아닌가
15세에 학문에 뜻을 두고, 30세에는 배운 바를 굳게 지켜
흔들림이 없고, 40세에 도리를 깨우쳐 이미 모르는 바가
없게 되었고, 50세에 하늘의 뜻을 알아 세상을 원망치 않으며,
60세에는 다른 사람의 말을 듣고 시비 판단 능력과
인품을 알게 되었으며, 70세에는 매사에 욕심부리지 않아
과오도 없어졌다.

알거든 안다하고, 모르거든 모른다 하라.
솔직히 말하는 것이 진정 아는 것이다
지위가 높지 못함을 슬퍼하기 전에, 자신이 그 지위를
맡을만한 능력을 갖췄는지 돌이켜 보라.
남이 자신을 알아주지 않는다고 근심말고, 남에게
인정될만한 재덕才德을 구하라.
덕이 있어 행하는 자는 외롭지 않나니,
그를 가까이 하려는 자들이 반드시 많아질 것이다.
德不孤 必有隣
지혜로운 자는 사리에 통달하여 막힘없는 물을 좋아하고,
어진 자는 의리를 중시하여 움직이지 않는 산을 좋아한다.
知者樂水 仁者樂山
지혜로운 자는 흔들림이 없고, 어진 자는 걱정이 없으며,
용기있는 자는 두려움이 없어진다.
知者不惑 仁者不憂 勇者不懼

자공이 공자에게 물었다. "한 평생 지녀야 할 인간의 가치로서 새겨둬야 할 것은 무엇인지요?"
공자는 "서恕"라고 답하였다.
자기가 좋아하지 않는 일을 남에게 하지 말 것이며, 세상을 너그럽게 용서하며 살아야 한다고 생각하였다.
군자가 모름지기 마음을 다해 생각해야 할 9가지는
君子有九思
보고자 하는 것은 똑똑히 보고 視思明,
듣고자 하는 것은 확실히 듣고 聽思聰
온화한 얼굴로 대해야 할 것이며 色思溫,
겸손한 용모를 지니며 貌思恭
말은 진실됨이 있어야하고 言思忠,
매사에 정성을 다하며 事思敬
모르는 일은 물어야 하고 疑思問,
화가 치밀어도 후환을 생각하고 忿思難
이익을 봤을 때에는 도리에 합당한지를 생각해야한다. 見得思義

군자에게도 허물이 있을 수 있으나, 이를 감추지 않고 뉘우치므로, 천하의 사람들은 일.월식日.月蝕이 지난 후에, 어둠이 거치고 밝음을 볼 수 있는 것과 같다.
공자의 제자로서 자로는 성질이 거칠었고, 안회는 항시 가난하여 공자가 마음 아파하였고, 자공은 운이 좋아 재물 축적에 능하였다.

민자건은 효도로 이름을 알렸고, 염옹은 기량이 넓고 과묵하여 군주의 지위에 오를 수 있는 재질이 있다고 인정하였다. 증삼은 천성적으로 비교적 둔한 편이나, 매일 세가지 일을 반성하며 실천하였고, 후에 효경孝經을 지었다.

* 삼환三桓 : 노나라 15대 왕 환공은 서자庶子 3명을 두었는데, 이 서자들을 삼환이라 하였다. 이 삼환이 적자嫡子를 밀어내고 정권을 장악하였는데, 이를 삼환의 정치라 한다.

맹 자

자식을 가르치려는 우리네 어머니 이씨처럼
맹자의 어머니 이씨도 교육열이 남달랐다.
맹자의 이름은 가軻였고, 지금의 산동성에서
공자보다 대략 100년 뒤에 태어났다.

아버지를 일찍 여의고, 가세가 빈한하여
묘지 근처에서 움막을 짓고 살기도 하였고
시장 근처로 옮겨가 살기도 하다가
학사學舍 근방으로 이사가서 살았다.

맹가가 학사에서 공부를 소홀히 하자
어머니 이씨는 베틀에 앉아 베를 짜다가
베틀의 끈들과 베를 칼로 모두 잘라버리고
공부를 하지않음은 이 베를 끊는 것과 같다고...

공자는 춘추 시대, 맹자는 전국 시대에 살았다.
춘추 시대는 천하를 제패하려는 패자들의 시대였고
전국 시대는 동맹을 결성하는 전국칠웅의 시대였다.
전국 시대는 제자백가諸子百家의 시대이기도 하였다.

맹자는 공자의 제자로 자처하면서, 인의仁義와 덕을
바탕으로 하는 왕도정치王道政治를 주장하였으나
부국강병의 정치술이 필요한 제후들에게 채택되지않아
맹자는 자신의 이상을 실현할 기회를 얻지 못하였다.

춘추전국 시대는 인륜이 무너져가는 혼란기였으나
철기의 보급으로 생산력이 증대되고
부富를 축적한 상인들의 세력이 커져갔다.
고향에 돌아온 맹자는 제자들과 학문에만 전념했다.

기자箕子가 동쪽으로 온 까닭

은殷나라 주왕紂王의 폭정이 극에 달하여
주왕은 잔혹한 포락의 형刑을 시행하였는데,
산 사람을 불속에 집어넣어 타죽게 하고
괴로워 몸부림치는 모습을 애첩愛妾 달기와
함께 즐기는 등....
주왕은 이성을 잃고, 사치와 향락에 빠져서
날로 무거운 세금을 부과하여
가난한 백성들은 살기가 더욱 힘들어졌다.

주왕의 숙부이며, 현자賢者로 존경받던 기자는
하늘을 우러러 보며, 탄식하는 날이 많았다.
"왕은 지금 상아 젓가락에 만족하고 있는데
필경 사치가 젓가락에만 그치지 않으리.
머지않아 토기를 싫어하고, 보옥寶玉을
탐낼 것이다.
상아 젓가락, 보옥의 그릇을 쓴다면
식사도 지금같이 검소해선 만족하지 않으리라.
하물며 의복도 가옥도 그러할 것이다....."

은 왕조의 삼공三公을 비롯한 충직한 신하들은

주왕에게 죽임을 당하거나, 옥에 갇히는 신세가 되었고
제례 음악을 담당하던 태사와 소사도 관직을 빼앗기고
제사용 악기를 챙겨서 주나라로 망명하기에 이르렀다.

기자도 주왕에 대하여 모든 것을 체념하게 되었고
미친 사람처럼 노복이 되어 몸을 숨겼으나
끝내 주왕에게 발각되어, 옥에 갇히고 말았다.

주왕의 실정으로 은나라는 주나라 무왕武王에게
여지없이 멸망하였고, 기자도 옥에서 풀려나게 되었다.
나라를 잃은 기자는 동쪽으로 망명길에 올랐는데
그를 따르는 왕씨 등 유민遺民들이 수백 여 명에 달했고,
그는 조선의 일토산 아래 정착하여 도읍을 정하였는데
이 곳을 기도箕都(평양)라 하였다.

그는 조선의 백성들에게 예의를 가르쳤고
팔조금법八條禁法을 제정하여,
나라의 치안을 유지하였다.
전잠田蠶, 방직 등을 장려하였고,
집단으로 농경 생활이 정착되도록 힘썼다.

상서 대전尙書 大典의 기록에 의하면
"주나라 무왕이 기자를 방문하여 안민安民의 도道
를 묻고, 기자를 조선의 국왕으로 봉하였다."

고 하였다.
후에 기자의 후손들은 세 성씨姓氏로 나누어졌는데
우평友平은 기씨奇氏의 조상이 되었고,
우직友直은 한씨韓氏의 조상이 되었으며,
우량友諒은 선우씨鮮于氏의 조상이 되었다.

근대 일부 역사학자들이 기자조선의 존재를 부정하여
"기자를 통하여 일부 가문에서 미화하였거나,
사대주의에 입각하여 조작 운운....
기자조선의 마지막 준왕이 한씨이므로
한씨조선이라고 해야 맞다...."고 주장한다.

중국 고전인 한서지리지漢書地理志, 송미자세가宋微子世家 등에서 기자箕子의 기록을 볼 수 있고,
우리 역사서인 삼국사기에서도 연유를 찾을 수 있다.
사대주의를 빌미로 하여, 기자조선을 부정한다면
기자를 비롯하여, 함께 온 왕씨 등 유민들은 물론이고
그들의 많은 후손들이 지하에서 통탄하지 않을까?
그 누가 역사의 진실을 알 수 있다고 말할 수 있으리....

아무르의 여인

돌을 도구로 만든 신석기시대
납작 머리 못생긴 여인
번개 무늬 그릇
입이 큰 항아리
산과 들에서 노니는 곰
물고기.새들의 조각
흙으로 빚은 생활 용기

추위를 피해 따뜻한 곳으로
북쪽 끝 아무르강 하류 수추섬에서
연해주 불로치카를 지나
또 다른 이름 흑룡강으로
혹독한 추위를 견디지 못하고
두만강 유역까지 떠돌아야 했다.

함경도땅 북옥저
무늬없는 토기
다시 따뜻한 남쪽을 찾아
강원도에서 부산으로
바다 건너 제주로 갔는데

표면을 쓸어내리듯 문지른
조흔무늬 그릇들
연해주 광활한 땅 발해에서
제주도 고산리로 옮겨왔다.

말갈과 여진의 기와와 불상
옥저의 "돌상자형 온돌"
남쪽으로 내려온 옛적 할머니
못생긴 납작머리 여인상
우리는 아무르의 비너스라 부른다.

6부

그대 생각

가로수 아래 여인

이슬비 적시는 밤
휴대전화 두드리는 여인
외로운 봄바람

촉촉한 가로수
연인들이 숨쉬는 거리

기다림의 발길
멈추지 않는 신호음

아직도 잊지 못하는 얼굴
거세지는 비바람
누가 살며시 닦아 주려나.

수　석壽石

아름다운 산을 쟁반위에 모셔놓고
짐승과 사람들이 주위를 맴돈다.
옷을 입은 사람들은 자연 그대로
숨을 쉬는 영혼, 산과 강, 절벽
흩어진 모래에 물을 적신다. 말없
는 대화에 정적이 쌓이고, 아름다
운 여인과 기묘한 형상에 감탄하고
오랜 생명 누린다고 좋아하는데...
우주의 축소판으로 보는 상상의
세계는 참으로 좁다.

나뭇잎

계절의 여인이 새옷을 갈아 입고
뜨거운 태양 아래 꽃이었던 시간
밤낮을 지새우는 속절없는 반복
홀로 남겨진 벗은 육신의 초라함
안으로 깊어지는 나이테의 기지개
바람으로 떠난 여행은 끝없는 경계
흙속으로 달려간 몽롱한 잠재의식

바　다

소용돌이치는 급물살
살아만 있어다오
보고지고 보고지고
기둥을 움켜잡고 울부짖는 학생들
보고지고 보고지고
오직 우리들의 잘못이라고

세월은 쉼없는 제자리
물결속으로 흐르는
가여운 학생들의 눈물
보고지고 보고지고
이제 우리들의 잘못이라고
그만 닦아주어야 하지 않을까....

운　석隕石

지구 밖 공간을 떠돌며
상상을 벗어난 백만년
이 세상으로 오는 동안
온몸은 불덩어리

너의 별, 나의 별
다 타지 않은 채
폭풍으로 쏟아진 날
땅속에 쳐박힌 돌멩이

생명체의 근원인 아미노산
고뇌와 아픔
잠 못드는 사람들
울며 떠나보내는 눈물

하늘에서 떨어져간
한적한 산속
어느 호수가
운명이라 할 수밖에

풀잎처럼

설레임으로 다가오는
푸르른 봄날
열병의 가슴앓이
청춘의 활기찬 노래
뜨거운 태양속에 머물다

불같은 사랑도 잠시
차거운 가을 햇살
시드는 육신
쇠약해지는 마지막 노래
바람에 실려가는 풀씨

누가 뭐라 해도

손발은 찔린듯 짜릿짜릿
가슴이 공연히 근질근질
보일듯 말듯 눈이 멀기도
간을 빼주어도 전혀 아깝지 않고
남들이 기웃거리면 배알이 꼴린다
서로 눈이 맞으면
아무도 모르게 입술이 다가가는
누가 뭐라 해도 원초적 본능
젊음은 아름답기만 하여라.

그대 생각

연기처럼 흐르는 선율
밀실에서 홀로
커피를 마시는 고독

떠나고 싶은 자유
날개 꺾인 새
허우적대는 삶의 몸부림

다시 돌아오지 않을 듯
새장 밖을 뛰쳐나가도
어느새 돌아오는 그 자리

자 사 호 紫砂壺

할 말이 있을텐데
스쳐간 시간의 그림자
낡은 찻잔속
머무는 연인의 미소

못다한 말들이 있을텐데
창밖에 바람
떨어지는 눈꽃
날아가는 꽃향기

역시 아무 말도 못했는데
붉은 금빛 찻주전자
찻물에 어리는
또 하나의 얼굴

존 재

해뜨는 바다
해지는 먼 산

님이 떠난 빈 배
머물지 않는 바다

기다리지 않는 약속
머물지 않는 그대의 화살

흘러내리는 폭포
떠나보내는 빗물의 계곡

머리와 다리가 엇갈리고
가슴에 스미는 뜨거운 열정

행복하다
너의 존재를 사랑하였기에

메 아 리

강아지 한 마리가 외로워
또 한 마리의 강아지를 데려왔다.

작은 일로 마음이 상해져서
강아지들은 서로 으르렁대며 싸웠다.

개짖는 소리가 메아리되어
아파트를 흔드는 인과응보

목 련

천리길이 멀다 해도
내가 물결위로 달려가면
우리 함께 천리를 가리

잎이 나기도 전에
눈비 내리는 천리길
푸르름은 백발의 향기로

봄이 오는 천리길
꽃이 진다고
네 탓은 아니리

다리가 되어

물위에 불어오는 순풍
평화롭게 배는 떠가고
불현듯 폭풍우에
비틀거리는 위기의 항해

백령도 근해에서 순직한
천안함 병사들
하늘은 희생된 양들에게
가혹한 시련만 보내지 않으리

사촌이 땅을 사면
배 아파하는 이웃이 있고
싸움이 벌어지면
즐기는 이웃도

너 죽고 나 죽자고
동네 망나니들의 싸움질
은근히 서로 망하길 바라는
이웃들 앞에서의 꼴불견

자유와 평화의 외침
아무리 교묘한 술책으로
백성들을 속이더라도
사악한 지배자들의 말로

아무리 강한 나뭇가지
센 바람에 꺾이고
승리는 패배의 또다른 예고
이기는 것은 능사가 아님을...

살기 팍팍하지 않은 세상
마음을 보듬어 줄 수 있는
진정성있는 대화
민심을 거스르지 않는 다리

조급한 마음을 경계할지니
하늘의 징벌을 아는가
두려워할 줄 아는 인내
민초들의 편안한 삶이 되었으면...

탑

질 좋은 화강암
가신 님을 향한 마음
하늘은 멀고도 먼 길

해맑은 연꽃 조각
돌사자 석등 불빛
잠을 깨우는 풍경 소리

천년의 침묵
아름다운 사랑
물위에 비친 연인의 전설

착한 밥상

때가 되면 모여 앉아 밥을 먹는다.
가족들은 두런두런 얘기를 하면서
자녀들이 성장하고 떠난 뒤엔 혼자
쓸쓸이 먹게 된다. 말없이 세끼를
차려주는 여인들을 보면, 언제부터
인가 할 일 없는 남자들에겐 일상의
행복이 되었다.

7부

참마음 자리

화엄華嚴의 세계

마가다 왕국에서 석가는 인간의 고통을 보고
생로병사生老病死의 굴레를 벗어나려
수없이 많은 고행苦行 끝에
보리수 나무 아래에서 깨달음을 얻게 된다.

깨달음의 눈이 뜨여 세상은 기쁨으로 가득차고
일체는 허망하나, 오직 마음의 움직임으로 보며
열반에도, 삶과 죽음에도 자유로워지니
향기롭고 보배로운 구름이 무수히 비오듯 뿌려진다.

업業을 짓지 말라는 것이 아니다
업이 만드는 인연의 줄기를 찾아
업의 타래, 업의 꽃, 업의 바다가
장엄한 불국토라는 것을 보라는 것이다.

선재 동자童子는 궁극의 깨달음을 얻고져
구도求道의 길을 떠나 많은 사람들을 만난다.
거지도 만나고, 부자도 만나고, 창녀도 만나고…
뱃사공도 만나고, 보살도 만난다.

선재 동자가 52번째 미륵 보살을 만난다.
부처가 되기 위해 깨침을 얻고자 하는 마음을
보리심이라 하고, 이는 모든 부처의 씨앗이다.
바람, 불꽃, 햇빛, 인자한 어머니.....

선재 동자는 53번째 문수 보살을 만나고
그 다음에 보현 보살을 만난다.
많은 굴곡진 세계와 부처의 바다를 보면서
중생의 고뇌와 여래의 고뇌속에 같이 잠긴다.

보현 보살은 10가지 행원行願을 닦으라고
선재 동자에게 가르친다.
예배드리고, 공경하며 찬탄하고
널리 공양하게 하고, 죄를 참회하라.

남의 공덕을 기뻐하고, 설법을 청해 듣고
항시 자비를 베풀고, 경전을 따라 배우며
중생을 부모같이 공경하여야 하고
지은 공덕을 널리 회향하여야 한다.

일체 만법은 생겨나지도 않고一切法不生
일체 만법은 없어지지도 않는다. 一切法不滅
만약 이를 바로 이해할 수 있다면 若能如是解
모든 부처가 항상 나타나 있다.諸佛常現前

법화경

부처가 깨달은 진리
심심무량
중생들은 쉽게 이해할 수 없고
지혜가 출중한 사리불도
이해하기 어려워 어찌하리....
법화경은 부처의 가르침을
여러가지 비유해서 설명하였다.

오색 비단 구름 위에
부채로 얼굴을 가린 신선神仙
신선의 부채를 보지말고
신선의 얼굴을 보아라.
부처의 진정한 가르침은
오직 하나
깨달음을 통해 부처가 되소서

금 강 경

나라는 생각
남이라는 생각
중생이라는 생각
오래 산다는 생각을
모두 버려야 한다.
"내가 있다"함은
내가 있음이 아님을 말한다.

만약 모양으로 나를 보려하거나
음성으로 나를 찾으려하면
능히 여래를 보지 못하리라.
여래는 어디서 부터 오는 바도 없고
어디로 가는 바도 없다.
보고, 듣고, 느끼는 일체의 현상들은
모두 헛 것, 물거품, 그림자로 보아야 한다.

온갖 고통은 집착에서 비롯되고
일체의 고통에서 벗어나는 길을 깨달아서
오욕五欲이 없는 청정 세계로 들어가야 한다.
존재하는 모든 것은 변화한다 諸行無常

모든 존재는 실체가 없다 諸法無我

미망에서 벗어난 열반의 세계는 고요하다 涅槃寂靜

일체의 존재는 반드시 고통이 따른다. 一切法苦

화두를 잡다

나의 몸을 낳으신 부모
나의 본래 면목은
낳은 것이 아닐진대
어떤 것이
나의 본래 면목인가

나의 본래 옛 주인의 면목은
보이지 않고
부모가 낳기전에
알지 못할새 이 뭐꼬?
의심하는 명상의 세계

세상사는 하나로 돌아가나니
하나는 어디로 돌아가는고?
화두를 잡고
고요한 마음
없음無을 의심한다.

보리심

얻고자하는 깨우침
지혜로운 깨끗한 마음
마음은 인연따라 생겨나고
번뇌는 끝이 없어도
모두 다 끊어야 하는 고행苦行

어둠無明속에서 살아가면
벗어날 수 없는 윤회
깨달으려는 용맹정진
지혜로서 깨우쳐야 할
보리심 그 자체, 회향하는 마음

지혜를 깨닫는 방편문

한 조각 구름이나
한 점 그림자도 없이
크고 넓으며 끝이 없는
허공같은 마음 세계가 보이는가

해와 달도 초월하며
한없이 맑은 물이 충만한 바다
인간의 성품은 바다와 같이
스스로 뛰노는 물거품으로 보아라.

안으로 생각이 일어나고
없어지는 형체없는 물체
밖으로 해와 달처럼
삼라만상의 뜻이 없는 물체

사람과 짐승같이
꿈틀거리는 뜻이 있는 생물
허공과 성품과 현상이 본래 다르지
않고 한결같다고 관찰해 보아라.

안팎으로 일어나고 없어지는 모든 현상
헤아릴 수 없이 저질러진 덧없는 행동
마음은 여러 갈래로 굴러가고
태어나면 죽어야 하는 세상의 진리

보이지 않는 허공과 마음
모든 비유와 방편으로
깨달음을 찾으려는 생각에
긴 세월 무상제행無常諸行이어라.

육조단경 六祖壇經 1.

달마達摩는 남인도에서 갈대로 엮은 배를 타고
동쪽을 향하여 가다가 중국 광주廣州에 다다르고
금릉에서 양자강을 건너 다시 낙양으로 갔다.
그는 숭산嵩山 소림사의 토굴에 들어가 9년 동안
벽만 바라보고 참선 수행修行을 하였다.

6세기 무렵 달마가 동쪽으로 온 까닭은
석가모니의 가르침을 전하려함이요
미혹한 중생을 구제하기 위하여는
부처의 씨를 잘 뿌리고 가꾸며
꿈에서 깨어 수미산을 뛰어넘어야 한다고....

선종禪宗의 창시자로서 달마를 일조一祖라 하고
달마의 제자 혜가는 이조二祖가 되고
삼조三祖 승찬은 도신에게
사조四祖 도신은 홍인에게
오조五祖 홍인은 육조六祖 혜능에게 선禪을 전하였다.

달마는 가르침을 청하는 제자들에게 이렇게 말했다.
세상의 만물은 선禪 아님이 없고

도道를 쉽게 얻으려는 마음은 버려야 하고
산은 갈수록 높고, 물도 갈수록 깊다.
한 꽃에 다섯 잎이 열리어 결과가 자연히 이루리로다.

육조단경 2.

모든 것에 진실이 없으니
진실을 보려고 하지 말라.
만약 진실을 본다 해도
눈에 보이는 것은 다 진실이 아니다.
능히 자기에게 진실이 있다면
거짓을 떠나는 것이 마음의 진실이다.

달을 가리키는 손가락을 보지 말고
달을 제대로 보아야 하듯, 문자와 가르침에
얽매이지 않고, 고의적인 기행奇行을 하며
우상을 파괴하고, 어려운 선문답禪問答을 한다.
마음을 어디다 두지말고應無所住
그 마음을 내라.而生其心

이조二祖 혜가는 본래 땅이 있는 까닭에
땅으로부터 씨앗은 꽃을 피우나니
본래 땅이 없으면 꽃이 어느 곳으로부터
피어날 수 있느냐
죽음을 싫어하고 두려워하는 중생들아
어리석은 집착에서 벗어나 자유로워지라고...

육조단경 3.

자성自性을 향하여 참회하라.
만약 법신法身을 찾고져 한다면
모든 법상法相을 여의어야
마음이 청정하리라.

마음이 곧 혜慧요
깨달음이 곧 정定이라.
지혜가 밝은 것을 혜라하고
마음이 산란하지 않음을 정이라 한다.

앞 생각이 나지 않는 것이 곧 마음이고
뒷 생각이 멸滅하지 않는 것이 깨달음이다.
일체상을 이루는 것이 곧 마음이고
일체상을 여의는 것이 곧 깨달음이다.

마음 전체가 곧 깨달음이고
깨달음의 전체가 곧 마음이다.
정과 혜가 같아지면 뜻이 청정해지고
일체 행동은 자성으로부터 일어난다.

오조五祖 홍인 대사는 말하였다.
유정有情이 와서 씨 뿌리니 무정無情이
꽃을 피우고, 정도 없고 씨앗도 없나니
마음 땅에 또한 생겨남도 없도다.

육조단경 4.

속성俗姓이 노盧씨로서,
광동廣東 지방에서 태어난 혜능惠能은
나뭇꾼으로 살아갔는데
어느날 경을 읽는 소리를 듣고
마음이 문득 환해지는 느낌을 받아
물어보았더니 "금강경金剛經"이라 하였다.

혜능은 노모와 작별하고, 불법을 배우고져
황매산으로 오조五祖 홍인 대사를 찾아갔다.
오랑캐 지역 출신이 어찌 부처가 되려하느냐
사람이야 남북이 있어도,
불성에 무슨 차이가 있습니까
혜능은 누더기를 걸치고
나무 장작을 패며 수행정진하였다.

오조 홍인은 제자들에게
후계자에 대하여 말하였다.
하루 종일 밥만 축내고, 복받기만을 바라면서
자신의 본성을 꿰뚫지 못하면 구원은 없다.
칼을 휘드르며 적진에 뛰어드는 절박한 순간에도

자신의 본성에 대면할 수 있어야
6대 조사가 될 수 있다.

홍인 조사의 수제자인 신수는
여러 번 주저한 끝에 게송을 적어
복도 벽에 붙이었다.
몸은 깨달음의 나무
마음은 밝은 거울의 받침대
늘 깨끗이 털고 닦아서
먼지가 달라붙지 않도록 해야지

이 글을 본 홍인은 실망하였고
혜능도 이 시를 보고,
그 옆에 게송을 적었다.
깨달음은 본시 나무가 아니고
밝은 거울에는 받침대가 없다.
본래 아무것도 없거니
어디에 먼지가 앉을 것이랴!

밤도 깊은 삼경이 지날 시각에
홍인은 혜능에게 금강경을 설하였다.
본심을 터득하지 못하면
배움은 아무 쓸모가 없다
본성과 만날 때 너는 곧 대장부요,

천상천하의 스승이요, 바로 부처이다.
오조 홍인은 혜능에게
가사와 바릿때를 건네며
너를 6대 조사로 삼는다.
불법의 등불을 이어가도록 하라

육조단경 5.

홍인 조사는 수제자인 신수를 따르는
제자들과 신도들이 많으므로
입문한 지 1년도 안 되고, 이제 갓 스물이 넘은
혜능이 이를 감당하기 힘들 것으로 생각하여
고향으로 내려가도록 배려하였다.

남쪽으로 내려가 5년간은 머리카락도 보이지 마라
혜능은 15년간 종적을 감추었고
때가 되었다고 생각한 혜능은 산속을 나와
조계에서 보림사를 짓고,
36년간 선禪을 가르쳤다.
여기까지가 "육조단경" 전반부에 실린
혜능의 전기이다.

저쪽 언덕에 거룩한 부처님들이 있고
이쪽 언덕에 있는 중생들은 엄격한 계율과
고된 수행으로 자신을 끊임없이 정화시켜야 한다.
신수를 따르는 제자들은 경전 해석에 주력하였는데
이를 북종北宗 혹은 점교漸教, 소승불교라 하였다.

혜능은 "네가 곧 부처이다."라고 말하면서
팔만대장경의 가르침은 일체유심조一切唯心造
마음心 한 자로 표현할 수 있고
불생불멸不生不滅 네 자로 축소 표현할 수 있으니
이를 깨우치면 부처가 될 수 있다.

법화경 7권은 모두 "비유와 인연"일 뿐
근본 취지를 깨닫는 것이 중요하다.
소승小乘은 아직 문자의 숲에서 헤매는 사람
중승中乘은 문자의 뜻을 대강 아는 사람
대승大乘은 바로 자각에 따라 사는 사람이다.

좌선坐禪은 마음이 아무런 유혹에 흔들리지 않고
본래의 빛을 차단하지 않는 각성의 길이다.
서방 정토나 극락 세계는 없다.
마음의 각성이 주는 안락함은 마음 안에 있다.
"어디 한번 보여 보아라" 혜능은 농을 던졌다.

다시 기억하라. 네가 곧 부처이다.
너를 하찮게 보는 이들의 혀에 속지 마라.
경전 밖의 진실을 찾기 위하여
전통적 수행법을 버리고, 선禪을 택하였다.
이를 남종南宗 혹은 돈교頓教,
대승불교라 하였다.

육조단경 6.

육조六祖 혜능 대사는 말하였다.
마음의 땅에 그릇됨이 없는 것이
자성自性의 계戒이요
마음의 땅에 어지러움이 없는 것이
자성의 정定이요
마음의 땅에 어리석음이 없는 것이
자성의 혜慧이니라.

혜능은 스스로 부처되는 길을 선언하면서
전통적 교리와 수행법을 버리거나 바꾸어
선禪의 새롭고 독창적인 방법을 찾으려 했다.
마음은 거울이 아니므로, 어디 손댈 데가 없고
손을 대려고 해서도 안 된다.
마음은 안으로나 밖으로도 아무런 갈등이 없이
자신의 불성은 장애없이 스스로 움직여야 한다.

혜능 조사祖師의 참선 수행법은 육조단경을
통해 조선의 선지식善知識인 휴정, 유정, 경허
만공, 용성, 효봉, 성철 스님 등으로 이어진다.
마음의 땅이 뜻의 씨앗을 머금으니

법法의 비가 꽃을 피운다.
스스로 꽃 뜻의 씨앗을 깨달으니
지혜로운 보리의 열매가 스스로 이루는도다.

육조단경 7.

자성自性을 깨우친 사람은
가고 오는데 자유로워 걸림이 없으며
자재신통과 유희삼매를 얻는다.

일체 만물을 바로 보는 견성見性에 이르면
참다운 계戒.정定.혜慧를 알리라.
정과 혜는 하나요, 둘이 아니다.

심지心志가 그릇없는 것이 자성계요
심지가 어지럽지 아니한 것이 자성정이며
심지가 어리석지 아니한 것이 자성혜이다.

용성, 성철 스님 등은 육조단경을 해석하여
선가禪家 수행의 귀감으로 삼았다.
몸은 가고 오나 본래 삼매이니라.

참 마음 자리 (반야심경)

물질이 허공과 다르지 않고
허공이 물질과 다르지 않으니
물질이 바로 허공이며
허공이 바로 물질이니라.

무엇을 느끼고, 옳고 그름을 가리며
어떤 행동을 저지르거나, 일상의 버릇까지도
참 나의 밝은 지혜이고
무릇 나쁜 생각까지도 지혜에서 나온다.

마음은 생겨나는 것도 아니고
마음은 없어질 수도 없으며
보는 것도, 듣는 것도, 냄새맡는 것도
맛보는 것도, 내 몸과 생각도 없는 것이다.

허망한 육신을 "나"라고 하는
그릇된 생각無明도 없고
그릇된 생각이 없어졌다는
생각마져도 없는 것이다.

늙고 죽는 것도 없고
괴로움의 원인도 없고
괴로움을 벗어난 것조차 없고
지혜도 없고, 또한 얻는 것도 없다.

아무 것도 얻을 것이 없으므로
아무 데도 걸린 데가 없어지므로
밝은 지혜로서 모든 것을 초월하면
자유자재한 경지를 성취하게 된다.

건너자, 건너자
어서 건너자
저 깨달음이 있는 언덕의 세계로
참 마음의 자리가 있는 곳으로

반야심경의 주문呪文에서는 원어로
아제 아제 바라아제 바라승아제 모지 사바하
큰 지혜로 참 "마음"에 돌아서는
말씀이라 해석하였다.

삶의 스토리 텔링

시간이 되면 사라져가는 영원할 수 없는 생명체,
인간도 생자필멸生者必滅을 피해 갈 수는 없다.
깊은 잠을 주무시듯 떠나가신 아버지와 작은 아버지, 장인, 장모님, 그리고 순서도 없이 먼저
가신 집안 형님들과 동생들의 슬픈 기억들을
더듬다보면, 알 수 없는 뿌리를 생각하게 한다.

예술과 종교가 삶의 전부였던 사람들의 이야기,
한 시대를 뒤흔들며 역사에 족적을 남긴 숱한
인물들의 숨은 진실을 찾아서 스토리 텔링으로
그들의 인생을 다시 밝혀보았다. 스토리 텔링은
인물들의 행적을 구체적으로 표현할 수 있고,
한 권의 소설을 축약하는 일과 흡사하였다.
잘 알려진 인물들에 대한 이야기는 숨은 진실을
그대로 표현하려 하였으며.....

인간이 백세를 산다 해도 인생은 찰나의 순간처럼 지나가고, 역사속에서 반짝이는 인물들의 진실은 치열한 고통과 번뇌를 함께 하는 삶의 연속이었다. 어렵고 힘든 일들이 있으므로 세상은 더 아름답고, 미움보다 사랑해야 할 시간들이 더욱 소중함을 느낀다.
나의 시집이 출간되기를 기다렸던 분들에게 기대에 소홀함이 없도록 온갖 힘을 기울였다고 하나, 미흡한 점들은 한결같은 애정과 지도 편달로 성원해 주시길 바랄 뿐입니다.
책이 나오기까지 도와 주신 여러 분들께 감사드립니다.

2016년 5월
여름처럼 더운 봄날에
과산果山 차성만